典范苏州社科普及精品读本

山水名胜

—读城—行走苏州—

周娇 潘娜 路千枫 著

苏州新闻出版集团
古吴轩出版社

当我睁开眼睛，学着看世界的时候，我认识了苏州，认识了苏州人。

小时候，苏州很大，怎么也走不到边，八个城门，就像八个遥远的童话。长大后，苏州变了，不复存在的城门成了永久的记忆。

几十年来，我一直在写苏州，只有写得好与不好的区别，不存在写与不写的问题；只有写不够的饱满感觉，绝无不想写的丝毫念头。

确实，苏州是永远也写不尽的。

我熟悉苏州的一草一木，老城区的每条巷子，城外的每处山水；北边的阳澄湖，西边的太湖。人们在这座城市恬静安乐地生活，这种生活本身就说明了这座城市的不凡。

然而，一代又一代的人，还是忍不住要记下苏州究竟有多好。

因为苏州的独特的好，从古至今，住在苏州的，来过苏州的，甚至只是听说过苏州的，都要忍不住为她写点什么。

只是，一旦提笔，就难免会觉得，大家已经写得够多的了，持续的书写还有意义吗？但同时立刻又会想到，我们之所以能看到今天的苏州，能更深地理解苏州，不都是因为前贤们留下来的一字一字、一书一书、一碑一碑？

所以，记录总是有意义的。

何况是记录苏州。

从伍子胥建城至今，苏州古城有两千五百多年的历史了。再把时间往前推移到泰伯奔吴，岁月的线索就拉得更长了。而有实物考证的历史，比传说还久远，太湖三山岛遗址、唯亭草鞋山遗址，都见证了中国最早的文明。

大家都说苏州城秀美，物阜民安，文化丰饶。其实苏州未尝没有经历过天灾人祸、兵荒马乱，只是这里的人，总是能很快在废墟上重建辉煌。这份坚韧和刚毅，才是最值得我们骄傲的。

面对历史积累下来的无数辉煌，苏州市委宣传部、市社科联和古吴轩出版社联合编辑出版的这套《典范苏州·社科普及精品读本》，选用了一种很特殊的方式来介绍苏州灿烂而独特的文化：听声、读城、博物、品味、识人、传道，六个系列，声色指间，可听可感地把苏州文化娓娓道来。

典范苏州，其沉淀、传承与创新的文化，在中国甚至在世界文化领域都具有一定的代表性、独特性、丰厚性以及它们的传承性和创新性。这些典范特征不仅体现在特色鲜明的物化形态上、门类齐全的艺术形态上，还体现在文化心理的成熟、文化氛围的浓重、文化精神的彰显等诸多方面。可以说，这套丛书所选主题、所涉内容都充分展示了这种典范的特性。

虽然同样涉及昆曲评弹、园林山水、年画刺绣、名贤廉吏等，但这套书和之前出版的一些介绍苏州文化的丛书相较还是颇为不同、富有创意的。图片多，文字又多以散文笔法呈现，读起来轻松，有亲近感。用这样的方式来介绍苏州的典范文化，把那些遥远的传统，更明了更具象地普及到我们这个时代的人们面前。作为一套普及读物，丛书编纂不仅邀请了一批经验丰富的吴文化专家坐镇，还请来一批来自高等学府的青年学者、来自中国作家协会的专业作家，以及一部分崭露头角的青年作者共同助阵。组建这样一个知识体系和年龄层次都比较全面的作者梯队，是希望做到吴文化的有序传承和创新发展，为各年龄阶段的大众读者呈现一个新鲜的、全面的、美丽的苏州。

在这里，典范将一一亮相：《昆曲》，一声缠绵低吟，是苏州人的精致优雅；《古典园林》，文人信步，是苏州人的闲情潇洒；您再走走，《街巷里弄》都藏着故事，您也许就能在巷陌遇见一位唐宋走来的名贤，或是一位抿着笑意的明季才女……其他每一册也有诸多亮点。其中较为特别的，是"传道"这一个系列。《家风》《学风》等都是十分重要的苏州文化内容，影响深远，关乎时代命题，是新的文化使命，把这些内容包含进来，也是《典范苏州·社科普及精品读本》的一个新的探索。

党的十九大报告指出，要加强文物保护利用和文化遗产保护传承，要坚定文化自信，推动社会主义文化繁荣兴盛。《典范苏州·社科普及精品读本》的编纂出版过程，是提升城市文化自信的一个具体的实践。所以，无论是像我这样的老苏州人，或者是想了解、想融入这个城市的新苏州人，都不妨来读一读，或者您就是苏州的一个过客，甚至您只是在诗文戏曲里到过苏州，都可以从这套丛书中欣赏到苏州的诗意景象、文雅风尚、历史积淀、时代风貌，如同身临其境，一定能够真切体会身在苏州的骄傲和自豪，深切感受对于中华文化的自信和热爱。

上真观、吴山之巅

穹窿山

商山四皓

缥缈峰

虎丘

生公说法、剑池

桃花水母

白马涧

古运河

盘门

石湖

茶磨屿、上方山

古人云："山不在高，有仙则名。"吴山虽没有北方山川的雄浑、蜀地山川的险绝，却因清秀幽微、与湖相伴而有了独特的温柔气韵。更引人入胜的，是其间存留的诸多人文遗迹，可见吴山在精神上属于隐士和高僧、文人和市民。说吴山，还离不开水，正是三万六千顷的太湖、堪比西湖的石湖，滋养了苏州独一无二的山，诗情禅意便刻印进了苏州山水的骨子里。

西施、灵岩山寺

灵岩山

万笏朝天、高义园

天平山

寒山寺

枫桥夜泊

渔洋山

王渔洋

林屋洞、石公山

雨花胜境

虞山尚湖

兴福寺

澹台湖

澄湖

独墅湖

金鸡湖

阳澄湖

重元寺、莲花岛、美人腿

山水名胜关键词

温山软水 有仙则名 隔凡

莲花峰、花山鸟道

天池花山

支遁、赵宧光

支硎山、寒山

报恩寺塔

吴夫人

目录

引子　/ 001

壹　古岩灵迹 | 一生好入名山游

说法　虎丘诗　/ 008
空性　虞山琴　/ 026

贰　远山如黛 | 一身如寄画卷中

黛色　灵岩石　/ 044
奇骨　天平枫　/ 059
莲花　天池水　/ 072
青绿　白马涧　/ 086
寒泉　支硎皴　/ 090
平远　阳山雨　/ 092

叁 浮槎银汉 | 天地渺茫,换了人间

行春 石湖棹 / 096

吟秋 阳澄月 / 112

千年 运河岸 / 126

初晴 金鸡晓 / 140

晚凉 澄湖夕 / 141

肆 太湖烟云 | 江湖之远,归隐云间

结庐 穹窿会 / 146

渔隐 渔洋歌 / 162

仙踪 缥缈云 / 174

胜境 雨花意 / 186

洞天 林屋梅 / 192

高奇 石公趣 / 197

伍 如是我闻 | 千年古刹梵音

因果 寒山钟 / 206

纯孝 报恩塔 / 216

修心 西园池 / 230

后记 / 238

山水静而人动，山水逸而人劳。以静胜动，以逸胜劳，故山水
常有余，而人常不足，山水常乐寿，而人常苦夭也。

———清·黄周星《具区志序》

人们都说北方山雄，蜀山险，而吴山最是温柔。

温柔，是一种亲近感。苏州最高的山穹窿山只三百四十一点七米，石阶整齐，一路上行并不算难事。苏州山水少有险关绝壁，石公山、天平山的一线天，很多时候也是造化给苏州人的一点小意思，并不是真的要让人却步。虽多是小山，却不乏幽胜的风光。一个"幽"字，是形容吴山幽深青翠的姿态，也是说吴山幽静自在的性子，更是说吴山的人文风貌值得探幽寻访。

吴山从分布来说，主要集中在城西的太湖东岸一带。城西灵岩山连着天平山，天平山连着支硎山，又与天池花山连为一脉。四周还有高景山、狮山、何山、大阳山……

这些山上也有很多一脉相承的秘密：灵岩、天平、支硎、天池的石头多有奇峻姿态；支硎山、大阳山等多有与高僧支遁相关的遗迹；这些山上，多能见名士赵宧光、李根源等人的摩崖石刻；很多山上都有乾隆御道，侧面证明了这个六下江南的皇帝当年是如何游山玩水的。

皇帝要来，先得修路。皇帝来了，又是写诗，又是刻碑，给苏州的山水留下了津津乐道的题材，但从文化的风景来说，苏州山水仍属于隐士和高僧。隐士自不必说。山水佳处，多有古庙名刹，也就有了大师诗僧。

秋游

山得水则空明，故游山之暇，宜继以湖，而游湖宜秋，尤宜秋之暮。

——清·葛芝《泛湖记》

夜游

平湖如掌，繁星满空，醉者高谈，醒者静听，而不觉舟已次岸矣。

——清·朱用纯《游西金山小记》

歌游

湖之水兮悠悠，湖之浸兮几春秋。养禹迹兮震荡浮，阖闾间死兮勾践差。夫椒兮事往，陶朱兮何求。歌吾歌兮魂生愁。

——元·沈贞《大雷山记》

虎丘塔、虞山兴福寺、灵岩山寺、天池寂鉴禅寺、包山寺、水月禅寺、支硎山观音寺……几乎每幅山水图中，我们都能看到寺庙从葱茏树木中微微显露的一檐。蝉鸣山更幽，山寺的晨钟暮鼓一声声，都在刻画吴山的幽寂性格和灵力智性。

太湖其实也在城西，七十二峰中，穹窿山、缥缈峰、渔洋山、石公山、林屋洞各有风光，大多是望湖胜地。太湖诸山，因为临着太湖，自有一番让人驰目骋怀的感慨。有山有水，是隐士的最爱。"商山四皓"就躲进了缥缈峰，看云的生涯，快活如神仙；孙武在吴地山林深处著书，他的高隐不为避世，而很多处于权力中心的人物，来此登山望湖的一刻，却实实在在有了归隐避世的想法。

就连普通的我们，也能感受到山水的抚慰。来到太湖边时，你知道"这里我是可以不动不言的"——树荫庇护，石头沉默，山不动，湖风轻抚心灵，山水就那么静静地陪伴着你。如果你想亲近它，你就亲近了。你想独处，月亮都是你一个人的。

当然，很多时候，我们去山水间，是携了茶酒邀了朋友的踏春赏秋。虎丘、石湖自古都是游人如织。唐伯虎和祝枝山扔石头的故事大家都爱，虽然不见得是真事，但大家就爱那份名士的游兴。那些年中秋月夜的雅聚，被袁宏道记录下来，流传到今天。才子的文才风流在山中，富贵

山石

山灵之有怪石，犹丈夫之有异骨
也；丈夫无异骨者，不可与入道；
山灵无怪石者，不可以栖真。

——明·李标《二茅峰记》

林木

山以树为衣，山无树，犹丽姝不得
罗襦绣带，而骄语綦缟，能发其惊
鸿游龙之态否耶？

——明·姚希孟《山中嘉树记》

风雨

居山尤宜观雨，雨将至，则冷风飒
然为之驱，倚阁遥望，暝云四合，
扬丝满空，或斜飞乱舞，谷响林
假，真有溟濛混沌之态。

——明·杨循吉《金山杂志·事胜
第八》

人家的别业在山中，平民的快活潇洒也在山中。这是山水的无分别心。

苏州人也有无分别心。这里的山水，即便是少人足迹的山头，只开了几支荷花的水荡，每每也都有自己的名字。山水因为有了名字，像人一样，就有了身份，即便没有齐整的山路，荒草还疯长着，它也脱了"野"气，于是显得高贵。

这份高贵，和世俗的定义不同，只是说得到了人的尊重，而不是说它有多么了不得。山水不同于建筑，建筑是人类的手笔，山水是上天的手笔。富贵的厅堂大概会让寒士贫民望而却步，但名山大川却从来不会给人带来压抑感。泥土、石头和草木，其实它们从来都不知道来吟诗的那人的身份。它们很坦荡地接受文人的赞美，很豁达地接受平民的游访。

山有智性，水有灵性。智慧灵力都来自岁月的打磨。苏州本来就是水城。今天我们看到的太湖、石湖、阳澄湖，大多时候也是平静安稳的，但我们不能忘记，沧海桑田，苏州城里，也起伏过江海山河的命运。

让我们泛舟湖上，去看被浪卷走的历史，被风吹过来的诗篇。

一棹渔歌，到了岸就停下。遇到山就走，一直走。

古人们，就这样一路行啊。行到寺庙里了，就在寺庙里睡一觉，听听钟声。清晨了，鸟第一声啼鸣时，山雾还没有散，人还在梦里。

古岩灵迹

——一生好入名山游

刘禹锡曾言："山不在高，有仙则名。"苏州的古岩灵迹就是这句话的绝妙注脚。与北方山川的雄浑、蜀地山川的险绝不一样，吴山的美，美在其清秀幽微，更美在山上存留的诸多人文遗迹：虎丘的书帖诗碑，虞山尚湖的旷世琴音，让这些佳山秀水闻名全国，也为它们在历史的卷轴上，点染下温柔的色彩。

说法 虎丘诗

　　虎丘山不高，但前人对其推崇备至。宋朱长文将虎丘胜境归为三绝："望山之形，不越冈陵，而登之者，见层峰峭壁，势足千仞，一绝也；近邻郛郭，蠡起原隰，旁无连属，万景都会，西联穹窿，北亘海虞，震湖沧洲，云气出没，廓然四顾，指掌千里，二绝也；剑池泓渟，彻海浸云，不盈不虚，终古湛湛，三绝也。"明代李流芳谓虎丘"宜月、宜雪、宜雨、宜烟、宜春晓、宜夏、宜秋爽、宜落木、宜夕阳，无所不宜"，是为九宜。虎丘断梁殿、试剑石、憨憨泉、千人石、剑池、真娘墓、枕石、鸳鸯冢、观音泉、云岩寺塔、双吊桶、白莲池、石观音殿、致爽阁、仙人洞、塔影桥、五十三参、冷香阁是为虎丘十八景。

　　三绝、九宜、十八景，在春夏秋冬里，惯看阴晴雨雪。虎丘就这样把岁月看成了诗篇，刻在石头上，映在云影里，惦记在心中。

万年成一诗

　　虎丘之胜既然能冠绝苏城美景，自然不是能说说就了了的。山光坦荡、水韵清幽皆是天造，帝王将相、才子巧匠悉数登场，在天地造化中，在亭台楼阁寺院里，以不同的方式述说着历史，承载着苏州人的故事。

《虎丘前山图》　清·钱毂绘

虎丘原名"海涌山"，顾名思义是大海送来的一座山。相传，在远古时代，苏州这一地方还是茫茫大海，而在这片汪洋大海里，兀立着点点绿色岛屿，随着海潮的起伏时隐时现。

时间万年，沧海变桑田，大海退出领地，交还了江南沃野千里。虎丘是大海忘记带走的，也许是故意留下的，送给吴地的珍贵礼物。

"孤阜起平田"，虎丘这一奇特的海陆变迁使其集山海灵气蕴钟灵毓秀，留给世人绝美的想象。诗人郑思肖在《虎丘》一诗中为虎丘山阜的由来做了最为形象的描绘：

何年海涌来？霹雳破地脉。

裂透千仞深，嵌空削苍壁。

山润石乳甘，秋冷铁花碧。

阖闾云空愁，银虎去无迹。

蛟龙镇奇险，拱护梵王宅。

据地方志记载，过去山上还有望海楼。诗人刘禹锡曾夜宿望海楼，吟出"独宿望海楼，夜深珍木冷"的句子。

如今，我也很想夜宿望海楼，望波涛涌动，看潮起潮落。只是波澜壮阔起身来看的景象也只能存在于想象里了。而今，虎丘上有一处景致叫"海不扬波"，暗喻其原为海涌山，也承太平

无事之愿。此处是一个亭子，四周无水却也景致隽美，与憨憨泉为邻，意境中是有水的，细水长流，国泰民安。

海涌山因何被改叫虎丘，又是另一个传说。相传，吴王阖闾死后，连同其生前喜爱的"扁诸""鱼肠"等三千宝剑一起葬于幽宫深处。葬后三日，金精上扬，化为白虎，蹲于坟上，故而称虎丘。还有一种说法也被普遍认可，宋代朱长文《吴郡图经续记》认为虎丘是以其形似而得名，"观其岩壑之势，出于天成，疑先有是丘，而阖闾因之以葬也"。

古寺山道一路诗

江南多山寺禅院，寺隐于山中者众，而山在寺中者恐怕只有虎丘了。这一独特之处，是虎丘的魅力，也便吸引了很多诗词来赞。"塔从林外出，山向寺中藏""出城先见塔，入寺始登山"，平白直叙者有之；"平生只见山里寺，今日来看寺里山"，惊奇感慨者亦有之。如果这还不够，"老僧只恐山移去，日落先教锁寺门"这等私藏窃喜的揣度也很有滋味。

入山先要过寺门——头山门，映目一副楹联：

水绕山塘，笑旧日莺花笙歌何处？

塔浮海涌，看新开图画风月无边。

这是怎么样都会牵住你走进虎丘山阜的。门厅竖匾的字样是金灿灿的康熙御笔"虎阜禅寺"，游龙盘踞飞舞，确是盛世的样子。

自古名山多得泉石佳趣，虎丘亦然。入山不久见一眼泉，名字我很喜欢，叫憨憨泉。看到它，我总会想起"泉眼无声惜细流，树阴照水爱晴柔"一句来，不多言语，柔柔暖暖，姿态可爱。

其实憨憨是一个和尚。传说憨憨是个弃孤，患有眼疾，被虎丘山寺方丈收留。山僧用水都从山下挑，憨憨来了，每天闷声挑水，晚上为寻找

泉脉，用手刨挖，终于感动苍天，找到了泉眼。清泉喷涌，泉眼通海，四季不涸，故又名"海涌泉"。神奇的是清泉的水还治好了憨憨的眼疾。百姓纷纷慕名而来，千百年不曾断绝。

泉与茶当是绝配。陆羽是茶圣，品尽香茗，将虎丘清泉定为"天下第三泉"，可见这位嗜茶之人爱极了虎丘甘美的水。这眼泉就被后世称为"陆羽井"。井上有三泉亭，亭周围皆植茶，点点绿意映在泉眼里，大概就是一杯好茶。

水是一个地方的灵性所在，陆羽喜欢这里，于是长期居住在虎丘，一边著《茶经》，一边煮水烹茗。虎丘被浸在一杯清浅的茶汤里，心意与山光水性相通，甚美。

"七杯春绿云泉水，二腋生风齿颊香"，云泉亭的楹联堪称是茶人品味虎丘茶时的一个生动写照。

坐在憨憨泉旁会觉得泉水中映照出的自己是一个知己，澄净而明

亮。这是很绝妙的一座山给你的一种绝妙的感受。泉水引渡，向着空性向着自然，向着山僧的入定和山寺的禅。而另一头却是红尘。

憨憨泉的邻居是山塘名妓真娘的墓。这个姑娘冷傲贞烈，虽从红尘来，却不囿于红尘，是担得起与高僧为邻的。

在虎丘的山道上，有一块椭圆形巨石，石中间有一道裂缝，似刀砍剑劈而成，故名"试剑石"。后竖有两块石头，一石上刻有隶书"试剑石"三字，一石上刻有元代顾瑛的一首诗："剑试一痕秋，崖倾水断流。如何百年后，不斩赵高头？"

题刻引出两则传说：一传吴王阖闾得到干将所献的"莫邪"剑后，挥剑试石，将大石一劈为二；又传秦始皇来虎丘，掘得为吴王殉葬的"鱼肠"诸剑以后，在此试剑所致。另说秦始皇到苏州寻找吴王墓中剑，不得，怒而将大石劈为两爿；又说秦始皇方欲掘墓挖剑，却见一白虎当坟蹲踞，遂拔出身上之剑奋力向白虎砍去，未中虎身却误砍了石块，留下此

痕。今试剑石旁顾瑛的诗句不可不说是为调侃秦王试剑的传说而作。此大石中开如截，酷似剑劈，实际上是大海的遗留物，是典型的凝灰岩，久经风化所致。

在试剑石斜对面，有一块形状如同桃子的巨石，名曰"石桃"。传说是孙悟空摘得的蟠桃落了凡间，所以颇具灵气，民间有"一摸财运，二摸官运，三摸桃花运"之说，引得百姓纷纷前来摸摸这枚石桃，都想沾沾仙气。

上山道北段西侧有一块石头，上面刻着"枕石"二字。自然，这里少不了又有几段故事。

传说苏州才子唐伯虎游虎丘，走累了，枕靠着大石头休息，不知不觉就睡着了。正巧，这天另一个苏州才子祝枝山也来到了虎丘，他看到唐伯虎这副样子，就把他推醒，调侃一番后，在石头上挥毫写下了"枕石"两字。唐祝两位由枕石想到枕头，由枕头想到夫妇同眠共枕，由此又联想到了生儿育女，就把小石头朝枕石抛去，戏言如果小石子掉下来就会得女，如果小石子留在枕石上就将得子。祝枝山先抛，石头滚了下来，后来夫人果然生了个女儿；唐伯虎后抛，石子留住了，唐夫人果然生了一个大胖小子。这两位才子的韵事很快流传开来，寻常百姓也纷纷来此仿效。

这种民间传说虽然当不得真，却是人们对才子行径可爱的揣测和向往。另外还有一个传说，是关于生公的——据说晋代高僧竺道生曾坐在这块石头上看经书，疲倦了就睡在上面，所以石头就叫作了"枕石"。

生公说法，顽石点头

竺道生是被赶到苏州的。

他原姓魏，因为跟随师傅竺法汰而姓竺，后人都尊称他生公。竺道生本在建康（今南京）弘扬佛法，但他宣扬的教义与主流的佛学观点不符，受到了人们的抨击，来苏州的时候，很有些落拓。

他的观点是"一阐提皆得成佛"，也就是哪怕不信佛、没有善根的人，也可以成佛。他还主张"顿悟"。与后来禅宗南派强调的顿修顿悟不同，道生提倡渐修顿悟，即在顿悟之前，必须修行、读经。即便如此，当时的主流观点还是认为他的顿悟论是提倡速成的哗众取宠之论。

选择来苏州，是因为师兄竺道一的弟子道宝当时在虎丘寺。竺道生来到虎丘，便想在虎丘举办一次说法大会，阐述自己的观点，地点就选在千人石这一方"广场"上。

苏州信众很多，本也来了好些人。但当时的苏州佛教界还是受建康的影响，地方官也不支持这场活动，在说法开始时就驱散了听众。千人石空空如也，天气有些凉，四方都是吹向竺道生的冷风。

然而竺道生还是坚持升座说法，既然没人来听，且就"聚石为徒，

与谈至理"吧。

当说到"一阐提皆得成佛"的观点时，千人石下，白莲池中，一块石头微微点头。

连这石头也有佛性呢。

这就是"生公说法，顽石点头"的来历。

今天看千人石，仍地势平坦，四周隆起，宛如盆地。在这块石头上，可看剑池，可望宝塔，境界开朗，景色壮丽。千人石旁有摩崖石刻"千人坐"，为明代苏州知府胡缵宗所书，所以千人石又叫"千人坐"。《太平寰宇记》称："涧侧有平石，可容千人，谓之'千人坐'。"旧志云："生公讲经，下有千人列坐，故名。"

千百年来，苏州人为此津津乐道，古之题咏颇多，如唐代诗人贾岛的《千人石》：

> 上陟千人坐，低窥百尺松。
>
> 碧池藏宝剑，寒涧宿潜龙。

又如元代顾瑛有诗：

> 生公聚白石，尘拂天花坠。
>
> 可怜尘中人，不解点头意。

千人石周围景色隽美，峭壁高崖，藤萝缠绕，再加上这些动人的传说，使虎丘平添了一份神秘、一份禅意，难怪《吴地记》说"虎丘泉石，其最胜者剑池、千人坐"。

剑池

"虎丘剑池"。

虎丘山里，最醒目的大字。

很霸气地张扬着神秘。

这里就是传为吴王阖闾墓的虎丘剑池。据《虎丘山志》等书记载，四个大字原为唐代大书法家颜真卿所书，后因年久，石面经风霜剥蚀，"虎丘"两字磨损严重。在明代万历年间，由一个名叫章仲玉的苏州刻

石名家照原样钩摹重刻，所以在苏州有"假虎丘真剑池"的谚语。

进入"别有洞天"圆洞门，顿觉"池暗生寒气""空山剑气深"的气象扑面而来。举目便见两堵陡峭的石崖拔地而起，锁住了一池绿水。水面幽绿清寒，水中照出一道石桥的影子。抬头望去，拱形的石桥高高地飞悬在半空，石壁青苔遍布，藤萝野花倒挂如飘带。透过高耸的岩壁仰望虎丘塔塔顶，有如临深渊之感。

在"虎丘剑池"的摩崖石刻上，有明正德七年（1512）的两则"见到吴王墓门"的题记。其一为林庭棡等所题正书十行，写道："千年神昇，一朝显露，可悼也已！"同游者还有王鏊、唐伯虎等人。其二为吾翕等所题正书七行，记录了"闻剑池枯，见吴王墓门，偕往观焉"的情景，并且认为"万年深闷，一旦为人所窥，岂非数耶"，于是"命掩藏之"，即用泥土将墓穴入口掩埋。

「别有洞天」旁，「虎丘剑池」四字十分醒目

《元和郡县志》却记载："秦皇凿山以求珍异，莫知所在；孙权穿之亦无所得，其凿处遂成深涧。"后来演变而为剑池。王禹偁《剑池铭并序》则认为"虎丘剑池，泉石之奇者也。……非自人力，盖由天设。……池实自然，剑何妄传"。总之，剑池究竟是怎样形成的，吴王墓是否在剑池下面，说法颇多，莫衷一是。

正因这玄机重重，才让虎丘剑池千百年来成为人们寻幽探胜的绝佳去处。

云岩寺塔

继续上山，山顶就是虎丘云岩寺塔，也被人们称为虎丘塔。

云岩寺塔最初是木塔，后几经重建。据推断，现在我们看到的塔大概建成于宋初，是仿楼阁式砖木套筒式结构。

云岩寺塔从明代就开始倾斜了，这是因为塔基土厚薄不均。

1956年重修时，古建筑专家采用铁箍灌浆的办法，终于保住了这座斜塔。那次重修，人们还在塔的第三层夹层内发现了石函、经箱、铜佛、铜镜、越窑青瓷等大批珍贵文物。

真是名副其实的宝塔啊！

很多画家都画过虎丘，明人钱毂的《虎丘前山图》中，云岩寺塔和现在我们看到的样子很不一样，而二十世纪二三十年代的老照片，也保留了虎丘当时的面貌，对照不同时期的塔影细看，总是生出许多古今感慨。

现在，经过修复的云岩寺塔，在虎丘安稳下来。苏州古城区建筑都不高，所以，虎丘虽然也不高，云岩寺塔却非常醒目。塔身还点缀了灯，到了晚上，向虎丘看去，你看到的，是熠熠生辉的虎丘。

上图从左至右：
宣统三年（1911）左右的虎丘上山道
二十世纪三十年代山塘河边的虎丘正山门
二十世纪三十年代虎丘正山门前的小孩留影
下图：二十世纪二十年代虎丘全景

焦北全景

焦邱古海潮
山海名
焦牢山名
周围二
百十
丈王城与
吴王城北
阁森北
有白石
骑其上
故名海
言如海
無陽

后山景

虎丘南部稍微平坦<u>些</u>，山势要过剑池后才渐入峥嵘。后山植被茂密，林相丰富，群鸟绕塔盘旋，蔚为壮观。

山景如此美，让人想寻一处高地俯瞰。虎丘山阜小吴轩是绝佳的去处。苏轼来此都感叹："过吴不登虎丘，俗也；过虎丘不登小吴轩，尤俗也。"

小吴轩又名"天开图画"，顾名思义，登临此处，林深水远，万家灯火，绝胜之景便如画卷铺展于眼前，用张宪的诗总结最好："何处俯姑苏，层轩列画图。……试凭空海眼，一览尽勾吴。"立于小吴轩外的望苏台，从前遥遥苏州城如今已是绵延至脚下。

下山要经过台阶层层，旧景点中有"十八折"，不知道是不是真的有十八个弯弯转转，待你去领会晴晦之间虎丘的楚楚动人。是不是十八折倒是其次，重要的是后山下山要穿过细长的青石板路和一段密密的竹林。风过，夕阳光影簌簌落，在脸上，在肩膀，在脚面，闹成一片，却是极静极美。

这是虎丘的小竹林。《吴都法乘》载："逾山后岭，西折而之北，有平陆焉。主僧就其处结屋一区。古木修篁，左右交闳。烟云旦晦，或失不见。因名之曰'小竹林'。"大名鼎鼎的虎丘塔在此成了"小隐"，伴竹而眠，小隐隐于林。

十八折折进了小竹林，又折进了袁学澜书中记叙过的"玉兰房"。玉兰山房在虎丘的后山，因屋前有一株"名冠吴中"的古玉兰而得名。袁学澜《吴郡岁华纪丽》称其兰为"宋朱勔自闽所购，未及进御，于此移

植"。也许今日所见之兰未必有此高龄，但兰颜灿烂，兰香依旧。这就足够了。有竹有兰是虎丘的格调，君子的样貌。

"高下不惊红翡翠，浅深还碍白蔷薇。船头系个松根上，欲待逢仙不拟归。"皮日休也定下了基调——既来虎丘"不拟归"。

看这遍野的山花和静谧的湖溪，来虎丘即使不寻名人故踪，不读诗碑石刻，仅对着这样的幽境也可无憾了。

名士与名篇

"过姑苏，不游虎丘，不谒闾丘，为二欠事。"这句话是苏东坡说的。句中的闾丘是东坡在黄州时结识的挚友闾丘孝终。贤士与胜景皆是

虎丘后山石阶

苏州不可多得的，虎丘也因此得了"到苏州不游虎丘乃憾事也"的名声，再借了大学士苏东坡的名更加名扬四海。

非但如此，虎丘多处景点的命名也是从苏东坡的诗句中来的。

第三泉旁有岩如削，因其诗句"铁花秀岩壁"取名"铁华岩"；虎丘高处景点"千顷云"亦取自他的诗句"云水丽千顷"。所以时人称："东坡言语妙天下，佳处揭名都在诗。"

得诗人如此偏爱，虎丘如何不记得？在小吴轩的西侧，原本有令人肃然起敬的"仰苏楼"。可惜楼已毁于咸丰年间兵燹。于虎丘百姓而言，仰苏楼已在心间，对名士大贤的仰望更是时刻不已。

山随文传，虎丘不凡，被其吸引的诗人文客也是不同凡响。明清时期，几社、复社等有名气的士子社团活动地址大多选在虎丘，倜傥风流、文人意气通过字字句句，都落在了此处。

虎丘不会因为文人笔墨而显得高不可攀，相反，它能给予苏州百姓的是一种文雅的亲切感。它是苏州百姓家门口的一个好去处，可以时时为人解解闲闷。春来虎丘赏花，夏来寻个清凉，秋有木樨市，冬来看山雪。

虎丘集会，人们倾城而出，既有文士又有平民。最著名的要数中秋节了。袁宏道在《虎丘记》中写道："虎丘……中秋为尤胜。每至是日，倾城阖户，连臂而至。"张岱给了我们这样的一个《虎丘中秋夜》："（中秋夜的虎丘，人们）铺毡席地坐，登高望之，如雁落平沙，霞铺江上。"

可以想象，山谷幽涧，繁灯点点，相较于他时他处，虎丘中秋夜的月亮大概也分外清亮。

文人的诗词文赋里，可以见到一个别有滋味的虎丘，市民们的歌吹赋予了虎丘新的生命与活力。

虎丘即是这般，隽秀之景里藏着人文，让人驻足痴看，让人怦然心动。

空性 虞山琴

见惯了北方高山的巍峨磅礴，乍见虞山，只觉实在清秀，但因处在多水的江南，却平添了一股灵动。

"不尽青山色，维舟雨后看""天风吹雨过湖去，溪水流云出树间""吹笛泉声外，披襟雨色中""青山笑我来何晚，白发催人老不知"，说的都是虞山的风景。在虞山，水灵动，云自由，山亦有情，雨让人亲近贪看，酒是必不可少的。

虞山在苏州常熟，平畴千里，一隆跃起，别致而让人注目。虞山曾用名不少，一名"乌目山"，也因其状如卧牛，又名"卧牛山"。商末周太王次子虞仲让国前来建立勾吴，死后葬于此山，遂得名"虞山"。商周至今，历史源远流长几千年。千年历史落在了这舒缓绵延的十里苍翠之中，虞山就有了"吴文化第一山"的称号。

吴地的历史犹如大河汤汤，虞山的故事是船上扬起的帆。一叶一叶地升起，一页一页地读。说的都是从前，总是耐人寻味。

尚湖

吴地总是不缺少水的，余光中笔下的江南有多莲的湖、多菱的湖、

多螃蟹的湖，是多湖的江南。平畴之地虞山难得，枕山襟水之处尤为难得。尚湖是虞山脚下会皱面的镜子，粼粼波光照出了虞山的妩媚柔情，也映出了它的沉静空灵。

假如给虞山插上桅杆，它会不会像船一样顺着尚湖飘走呢？

虞山冷静，尚湖也是极沉稳的。几千年来，尽管历经沧桑，也遭动乱，也遭劫难，尚湖始终与虞山相依相伴，万亩碧波，十里青山，从未曾改变。如此稳得住的性情怕是随了让它得名的那位老人吧。

老人家避世而来，带着海的深邃坐在了尚湖边。于是这湖的烟波也带着海的姿态。

朝歌的铁蹄争鸣刺耳之时，披蓑衣戴箬笠的老人将直直的铁钩掷入了湖里。千百年来，老人似乎一直端坐于此，沉静安然，在他的船上，在虞山的脚下，在尚湖的心里，坐成了一尊尚湖园里的雕像。古稀老者垂钓，目的不在鱼，不在自由惬意的鸟声，不在江南水乡的灯火，只愿在虞山的倒影里，在尚湖的波纹里，向直中取一个清朗乾坤——愿者上钩。

"并耕虞仲乃兴吴"，虞仲自西岐来，西岐有贤才。老人后来离开吴地，远足他乡，去到西岐虞仲的故乡，襄助姬昌、姬发讨伐商纣，建立周朝。吾乡，他乡，吾心安处即故乡。他乡又何妨？

佐贤能，开太平，垂钓的老者，果真"直"中取出了一个秀丽江山。

他是太公姜尚，尚湖以其名名之。

遥远的历史像一页书，轻轻一翻就到了现在。今天，遥望从前，古人遥远的背影，在湖光山色中若隐若现，而真实的是眼前这一派古意浓重的自然风光依然碧波涌动、万种风情。

遭劫时一万九千亩水面被围湖造田，却多成薄地，日渐抛荒，水鸟也不辞而别……后来政府为恢复尚湖生态和山水景观退田还湖，我们才能依稀看见从前的尚湖，地广水阔，包孕山川。今天在尚湖还能看到拂水长堤伸手揽住晃动的月，还能听到鸣禽洲水鸟的欢唱；牡丹园看得见国色，桃花岛赏得了桃花，荷香洲闻得见荷香。今天的尚湖，烟波浩渺，凫鸥翻飞，菱荷滴翠，鱼泳鸢翔，极美！

如今我们来尚湖，很想约太公一起垂钓。这一次，我们愿意钓起自由惬意的鸟声，钓起江南水乡的灯火，钓起清清爽爽的生活。

南来北往的人南来北往，无论哪般落脚，虞山都敞开心怀，尚湖都柔情以待。

先贤双陵

从虞山脚底拾级而上，绕过一段弯弯折折的山路，便可见到那些错落掩映在青翠中的历史人文景观。从前的岁月忽而洒落了漫山，等待有人来梳理。

有些路就像脚下路，迈出的第一步就是千里迢迢。泰伯和仲雍（亦称虞仲）离家时一定是下了决心的，如此方能千山万水一并跨过，头也不回。这里的一切与家乡都大不一样，可他们就此停下了脚步，在这一片自然山水野趣里接受了当地的风俗，断了发，文了身，融入了当地。黄河流域的先进文明就此在虞山脚下落了地生了根。一国之君的一粒种子落在吴地，长成了虞山的平常人家。皇室的高贵与权势深埋进吴地的山水，

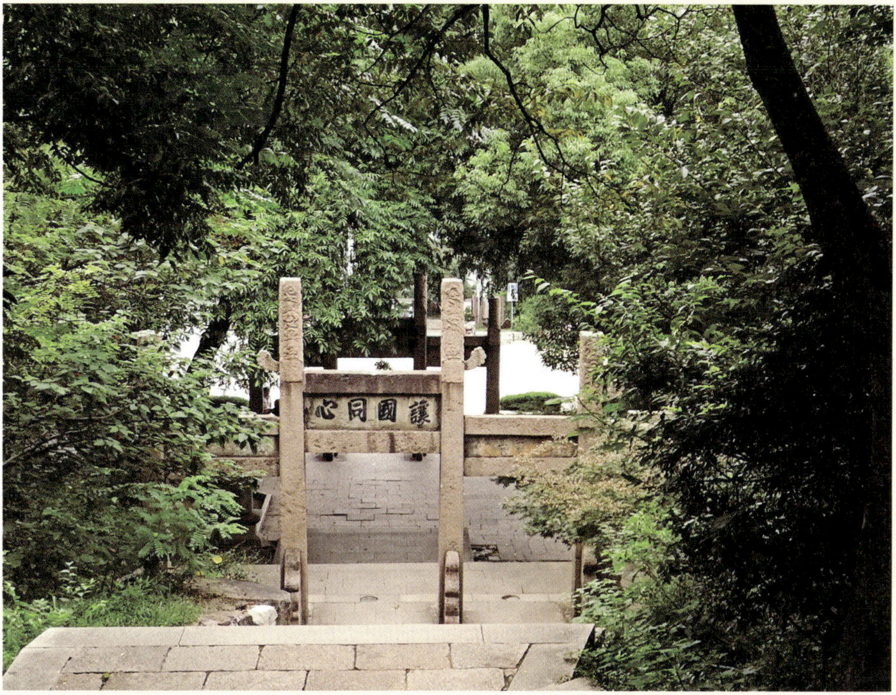
讓國同心

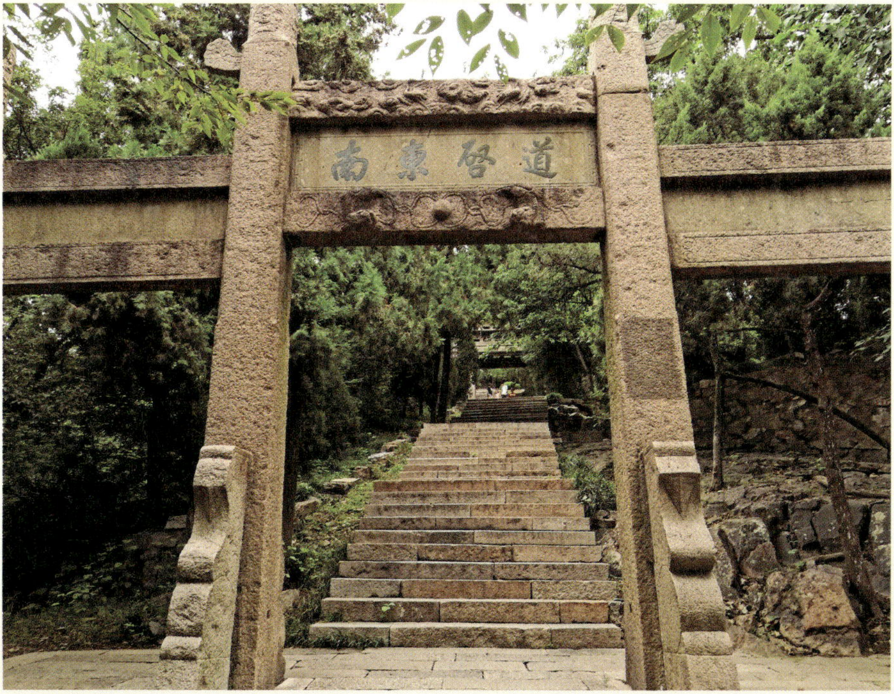
道啓東南

生成了耕读传家的文化。

那一场奔走与相遇里没有辜负，西岐的姬昌没有辜负这场"让国"，在位期间"克明德慎罚"，成为周朝的奠基者；吴地山水更是没有辜负这场相遇，"荆蛮义之，从而归之千余家"。为感激先贤让国而来，如今，吴地用一座山来铭记。

"千载名山还属虞。"因为虞仲，虞山有了绵延不绝的气息。

脚下的仲雍墓道，松柏环抱，气势沉静而磅礴，因年代久远、弥历沧桑而有"远望仲雍而高坟萧瑟，傍临齐女则哀垅苍茫"（梁简文帝撰虞山《招真治碑记》）之感。先贤虞仲在这里睡了三千余年，吴地的历史也走过了几千年。

几千年来，吴文化从仲雍"道中清权垂百世，行侔夷惠表千秋"的持清廉、弃权贵的品行中开始，到如今的"青山得以名，万古永不朽"，先贤的孝悌仁爱贯穿始终。正如墓道牌坊上额所刻的"南国友恭""让国同心"一般，风雨兼程一步一步走来的文明没有被侵占，也没有剧烈的更迭，最初的耕种和教化在自然的一唱三叹中缓缓而行，娓娓动听。

徐徐行之，我们来到了言子墓前。

墓前树木岁月长，但树上的片片叶子正当绿。古树年复一年，始终亭亭如盖。树下有一眼古井，其水清冽，终年不涸。时间在这一株树、一眼井上似乎过得极慢，不躁不急，文质彬彬，与墓中人的性情极为相称。因渐积荟萃的文气，这树与井也以一种文人的姿态端立在时间里，使得言子墓道有了远古之美与苍凉之美。

如果这棵树向上伸展得够广阔，这眼井向下扎得够深，那么它们会听到千年前的一场布道讲学。

那场讲学受者众。学有所成的言子将孔子以"礼"治国的儒家思想恭恭敬敬、一丝不苟地南传。像大树的根系一般，《诗》《易》《礼》《乐》的教化由此伸展向了南方沃土的深处。

讲学人言子，即言偃。古吴大地战事连绵，尚武之风鼎盛。他取名为"偃"，有"偃武修文"之意。言偃是常熟人，孔子三千弟子中七十二贤人之一，是我们通过《论语》而熟知的子游。他曾任武城宰，以德治城，城内处处有弦歌之声，实现了"谋闭而不兴，盗窃乱贼而不作，故外户而不闭"的大同社会景象。他将"学道爱人"的施政准则贯彻始终，以"礼"与邻邦交往，创建了一个安居乐业的和平环境。回到故乡，他继续以礼乐教化人民。现在他的家乡人还把脚下的土地称为"弦歌旧里"。

言偃是孔子座下唯一的南方弟子。孔子曾云："吾门有偃，吾道其南。"故言偃被称为"南方夫子"。

通过言偃的讲学，吴越一带学风渐盛。

如今迈过文学桥，可见桥柱上镌刻着两副楹联，南联写着："道接东山远，源分墨井香。"北联刻着："东南开道脉，今古挹文澜。"这是后人对"北学中国，南方一人"的称颂，同时也是后人对自己的勉励吧。这座桥，跨古连今，道接先贤。苏州有很多的桥，但是没有一座桥像这般，跨过去就到了文道的源头，既见风雨，又见彩虹。

"南方夫子"一直是常熟人的骄傲，谁又会忘记这位"道启东南""文开吴会"的先哲？常熟人平常言语间不无自豪："中国的文人应该来看看言子的。"

时间停在了此处，平静如古井水，分分秒秒缓缓地藏进了古树的年轮里。"先贤虞仲周公墓"与"先贤子游言公墓"，这"先贤双陵"使虞山东麓的满目青翠里巨石嵯峨，苍松劲柏变得深刻而大气磅礴。

昭明读书台

从逝去的日子里，感受"道启东南"，从还未来到的日子里，体悟"文开吴会"。沿着影娥池走过文学桥，走向昭明太子读书台。

虞山文气由"先贤双陵"开源而颇为深沉厚重，至此读书台，可感受到经历千年时光流转的虞山书卷气是如此洋洋洒洒、汩汩荡荡。

虞山的书卷气写出了虞山所有的才情。

"五六月间无暑气，千百年来有书声"，是梁昭明太子读书台从前的样子，也是这位爱好读书的太子所希望的它后来的样子。

在读书台的南坡，有一所小学，叫石梅小学，它日日迎着清凉山风传出琅琅读书声。果然，千百年来读书是一如既往的样子。

坐在焦尾轩，捧一杯焦尾泉的水沏的茶，遥想从前。从前的读书台是属于一位太子的。这位太子太合虞山的性情，人和山一般清净，总是自然。所以他诸多的读书处中，虞山读书台最合他的心意。

站在山阜上举目四望，亭台清幽，鸟语花香，清凉、宁静与安谧便会涌上心头。读书台现在是个开放的地方，叫书台公园，可即便人来人往也总不见喧闹。人们静静地行走，静静地停留。四周古木荫荫，清雅幽静，连坐着发呆也可以将思绪引得更久更远，没有突兀的打扰，将你拉回现实的也许只是几声清脆的鸟鸣。

什么样心性的人会选择此处作为修身养性读书静心之所？大概是个性喜清净内心有趣的读书人吧。如果说历史上有近乎完美的人，昭明太子便是一个。

这个太子叫萧统，是梁武帝萧衍的儿子。他性情纯孝仁厚，"喜愠不形于色"。当时世风好奢，萧统"欲以己率物，服御朴素，身衣浣衣，膳不兼肉"，曾经泛舟后池，下属称宜奏女乐，萧统不同意，说"非必丝与竹，山水有清音"。他的住处谈笑有鸿儒，往来无白丁，团结了一大批知识分子在身边，"讨论篇籍，或与学士商榷古今，闲则继以文章著述，率以为常"。他礼贤下士，"引纳才学之士，赏爱无倦"。萧统自身文学成就斐然，与门下贤士一起，共挑选出前人和当时的有名作家一百三十多个，选出他们的好文章四百八十篇、好诗七百多首，编了一部《昭明文选》。《昭明文选》是我国最早的一部诗文总集，对继承和发扬我国优秀传统文化有很大作用。后人推崇萧统为编纂文集的鼻祖。

可惜，天妒英才，这位公正贤达、聪慧仁孝的太子只活了三十岁。梁武帝给没有当上皇帝的儿子的谥号是"昭明"，明亮的意思。

萧统离开了，昭明太子读书台留了下来。这儿有绿竹青溪，引泉绕竹，冬暖夏凉，清净自然，是个读书的好地方。

"归去来兮"是从前的燕子说的，从前的燕子带来的是虞山从前的书卷气。而今，又都回来了。

进月洞门，花树掩映中沿石径而行，眼前出现的是四个隶书大字"得天然趣"，天然之趣胜过多少雕饰，这份心境就是读书人的心境，文道统一，道法自然。

小山阜上的一座方亭，正门向南，四周浓荫环抱，即为昭明太子读书遗址。亭内正壁嵌有石刻三块，中间一块为清爱新觉罗·雅尔哈善所书"读书台"三字。右边一块上半部刻萧统像,下半部刻铭序,为明邓韨于嘉靖十五年（1536）撰文。右边一块刻有《重建昭明读书台亭记》,为陈察撰文,陈寰书丹,亦为明嘉靖十五年刻。亭中置一大石台,台旁有石凳,石台正面横端刻有《虞麓园记》,为清道光年间倪良耀所书。

读书台是文人心向往的地方,多年来成为人们怀古思幽的胜地。以焦尾泉的清冽甘甜泡一壶茶,在焦尾轩于茶汤氤氲中翻一本书,就这样在书页翻卷里寒来暑往。夏日能避酷暑,冬日得见读书台积雪胜景（虞山十八景之一）,心内怎么都会别有一番清亮自在。清人吴伟业到此凭吊后,留下了一句"长留千岁鹤,声远读书台"的感慨,想来是真的走心了。

江浙皖地区有多处读书台与太子有关,都几经沧桑仍保存如初,这大概会给这位"性喜山水,尤爱读书"的太子一些安慰吧。

兴福寺

焦尾泉的水如果不足以沥出虞山的性情,那么来兴福寺坐坐吧。

沿山路前行数里,向西折有一条山路叫"寺路街",沿寺路街而行,密密竹林,苍苍古木,处处透着禅意。兴福寺即处在这林木葱郁之中。

寺是古寺,有一千五百多岁了吧。方志记载,兴福寺最初是以南齐邑人郴州刺史倪德光舍宅为寺,初名"大慈寺"。唐咸通九年（868）唐懿宗赐"兴福禅寺"额。今日所见兴福寺外山门四柱牌坊迎面正中是"兴福禅寺"四字,背面是"齐梁古刹"四字。

过外山门,路边林木渐盛。近山时,古木参天,浓荫蔽日,盎然绿意下得见寺宇一角,黄墙朱门被起伏的山阜遮挡,看上去断断续续,"深山藏古寺"便是眼前景致。

　　寺内山坡上有一大片竹林。风起，竹叶沙沙，竹影摇摇。竹下一条小径，弯弯折折。诗人来了，这座山、这座古寺、这条小径于是被写进了诗歌。诗人叫常建，诗的内容现在依旧动人："清晨入古寺，初日照高林。曲径通幽处，禅房花木深。山光悦鸟性，潭影空人心。万籁此俱寂，惟闻钟磬音。"佛家说，出家人禅定之后"虽复饮食，而以禅悦为味"（《维摩诘经·方便品》）。常建是懂此山此寺的，他的诗极美，道出了禅悦至情，也道出了禅悦至性，让人心旌摇曳，悟入清空。寺壁上拓刻着这首诗，字

兴福禅寺

是米芾写的，这个不羁的宋朝人将自己的性情渗入了笔墨，石壁上的字既癫狂又敦厚，好看极了。

后来兴福寺来了很多人。旧人旧事，青烟袅袅。现在来兴福寺烧香祈福的人更是不少，正如它的名字"兴福"，兴福。虞山在兴福寺的一炷香火里福兴绵延。还有一部分人是来寻一份清净自在的茶客。兴福寺的东侧和后山都有茶园，点点茶芽慢慢抽出春天来。慢悠悠，绿油油；清纯洁净，生机勃勃。茶是兴福寺的绿茶，水是兴福寺的泉水，烧水沏茶，拿起放下。千年虞山、千年兴福寺、千年的人都在一杯清茶里了。

兴福寺很幸运，我自不动声色，却可人人都是知音。虞山也很幸运，一座寺宇独有的静寂和空悟写出了虞山全部的性情，空灵寂静，曲径通幽。我们更是幸运，兴福寺生长了千年的自然环境和人文环境，让兴福寺的竹林、小径、泉水，还有唐人的诗、宋人的字都成了这个世上的唯一。一种美代替了任何的杂念，性情在此沉淀，思想空静而灵活，在兴福寺的禅音里愉悦。

池莉说："美丽的东西是横截面，一旦美丽便永远美丽，绝不随着时间线性消失。"在兴福寺，绝不随着时间消失的除了常建的诗、米芾的字、空山的鸟儿、初升的旭日，还有兴福寺从千年前荡来的绵长无尽的钟声。美丽是不老的，唐诗不老，宋字不老，一千五百年的兴福寺也永远不会老去。

琴音不绝

兴福寺的茶香里，人心静了下来，静下来的人听见了虞山袅袅的琴音。

常熟古称琴川，取言子"弦歌旧里"之意，也有夫差"鸣琴川"的传

说。地方志中，也有古代常熟城内有自南向北平行排列的河道，像古琴的七根弦，故别称"琴川"的说法。无论如何，与琴相关，说的都是礼，都是乐。

琴音催熟良田，人心浸润风物。琴川就不仅仅是一个好听的名字，虞山福地也不是说说就了的。虞山的云一卷一舒都是自在，虞山的鸟儿是梦里的影子，一起一落都牵着灵魂。上天将这些灵性放于指端，以山川为琴，一场场景致于是有声有色：

辛峰亭就像它曾经的名字——"极目亭"，极目远眺，"几点归舟破暮烟，数行雁字落霞边"的景致便随着十里青山一齐落在眼底。在辛峰亭，最美不过夕阳晚照，青山如黛，天边云霞欲燃，空远静寂中跳出的红，是沉沉的辉煌了。

欲穷远目，更上层楼。虞山门的城楼与辛峰亭相望，是登高望远的绝佳去处。再不为战事而存在的高高城门多了一份气定神闲。浮青叠翠，山入屏中，未出虞山门，立于青山上，依然是城中，于是我们看见了沈以潜（沈玄）的诗"七溪流水皆通海，十里青山半入城"。

不似兴福寺的梵音不绝、青烟袅袅，维摩寺在"孤寺夕阳沉"的意境中渐渐沉寂，却给了我们另外一番美——"寒鸟落还落，霜枫深更深"，寺院深深才有了他处换不来的意境。梵音起落，几经兴衰，世事都是公平的。在维摩山庄的山泉、林木、亭台、廊榭点缀下建成的望海楼，登高可见初日，让"维摩旭日"成为虞山十八景之一。古寺深深，一轮红日映衬，谁又能说维摩寺就衰败颓落了呢？

剑门与藏海寺相依。"绝壁剑开，伊阙羊肠应让险；重

湖镜列,洞庭彭蠡合争奇",湖光山色即在眼前,凭栏南眺,尚湖如镜,云影徘徊。剑门之胜,却不仅如此,长风寥寥里,藏海寺的钟声就荡在这一线天中,黄墙梵宇便没入深深松林了。

虞山风景,虞山上的那些碑亭花草、水桥石鸟实在是一部风吹哪页便可读哪页的古书,无论哪部分都是虞山娓娓道来的故事。

虞山很美,都在这十里青山里。满目古朴苍劲,满山生机勃勃,满心虔诚敬畏:对着时间的绵延,向着文化的传承,经由人的行走生生不息。

贰

远山如黛

——一身如寄画卷中

　　展卷古人山水画，巨幅山石，溪流斜出，寺庙一定是半隐在山林中。还能见，高大的树木下，有一两人在闲行。山对比出人的渺小，又烘托出人的神采。因为人的到来，石头、树木和池水都有些迫不及待，它们曾经过自然的鬼斧，还想借人间的笔墨，把那些在它们身上发生过的事一点点记录。

黛色 灵岩石

早前,登灵岩山,由姑岭是必经之路。

"由姑"此名与姑苏台有关。夫差大兴土木,在灵岩山建离宫,经常由此岭东去姑苏台,从此,这里便被称为"由姑岭"。由此而行,去的不仅仅是姑苏台,还是历史的各个拐点,灵岩山上的苍苍翠翠大都会带着一个千回百转的故事扯住你的足踝。

吴宫遗迹

人们说景致都是情致。

比如灵岩山下的香水溪。"暖波浮涨腻,晴渚泛红芳",是诗人对香水溪的无尽想象。想象着,二千五百多年前的西施来此临水照影,涤面梳妆,满河生香。这个传说被吴地的百姓所认可,称这条河为"脂粉塘"。

在此洗沐梳妆的大概不止那一人,我眼前似乎浮现出影影绰绰满是吴宫的宫娥们净面顺发的情景,香气袭来,美人故事就铺在了眼前。

　　"朝为越溪女,暮作吴宫妃。"夫差好色误国,西施就此背上了红颜祸水的罪名。背井离乡,跨过千山万水起舞于姑苏台的西施,该是怎样的妩媚与落寞?

　　好在,灵岩山陪伴着西施,陪伴着她的美丽与寂寥。西施到底有多美无从得知,大概因西施容颜而沉的鱼,香水溪里应该也有一条吧。

　　那些年,吴王金戈越王剑都平静在了细水深流里,那些战争的祸与罪也在世人对西施美的想象里化解了。灵岩山上留着她大量的遗迹以资纪念。

　　从灵岩山寺西行不远,就到了灵岩山的最高处,也就到了琴台。

玩花池

浣香榭

　　琴台是吴宫的琴台，传说西施常在此焚香操琴。西施大概很喜欢来这里。在灵岩绝顶，俯瞰平畴沃野，见村庄错落，心就开阔平静了。

　　如今登琴台，依然得见范成大笔下琴台的灵秀景致："下瞰太湖及洞庭诸山。滴翠丛碧，如在白银世界中。"

　　如果能穿越时空，我们也许还能看到"三年聚材，五年乃成"的馆娃宫，馆娃宫之后的响屧廊，之后的玩花池、玩月池、吴王井、梳妆台……更甚或看到那据说沿着吴王一箭而开挖的采香泾……我们便看到了吴王一点一滴雕刻的心意。

　　为了一个人，误了一个国。

　　如今，我们追随西施曾经的脚步一处一处地游走，眼中虽不见"木塞于渎"的景象，却可极目远眺，揽吴胜于眼底；虽不见姑苏台的翩跹起舞，亦不见采苹山上的绮罗身姿，却可以来此放缓脚步，容身休憩；虽听不到琴台之上的弦歌和鸣，却可以放空身心，听鸟雀笙歌；虽然耳畔也没有响屐廊中的金玉碎步，但幽径夕阳花草依旧，正适合眼前人伫立于此。灵岩山的美隐在想象中，才是真正的没有边际。

　　"欲穷西子曾游处，踏遍苍苔一径斜。"灵岩山上这些西子曾经的足迹和身影早已掩在历史的尘埃里。

　　消散的尽管消散，"来不可期，去不可追"，人非物是。"物是"是极大的幸运。这些与西施有关的建筑和故事完完整整地留在了灵岩山，留在了姑苏百姓的一盏茶里，留在了两千五百年历史的风风雨雨里。足矣。

云心石骨

　　苏州东面无山，西面连亘不断的群山中，灵岩山因其自然秀奇、历史深厚而夺"秀绝冠江南"之称。有些时候，有些景象只需一眼，就可以看到你想看到的，是隐在心中还是放于眼前，浮生旧梦、塔影湖光都点缀在这一目之中。

所以更愿意在灵岩山上看云，"云散池边留塔影"，很自在很舒心；更愿意来灵岩山中等雨，"雨来阁外失湖光"，朦胧有味道。

但这些都不及来灵岩山上赏石。石头都是天成的，有一份质朴心在里头，给人持重、自然之感。它们抱朴守拙，大概是守着自己的心性，守着一份道法自然的本心。所以灵岩山上的这些石头各有各的性情，或天真，或可爱，化成了灵岩山清幽奇傲的风骨。

这些最初跳入人眼中的石头就成了灵岩山名字的由来。

因灵岩山西麓有山石可以制砚，山下村落皆精于制砚，又名"砚石山"，这是一份对劳作智慧的赞许。

因"砚石山有石城"，又名"石城山"（石城相传为吴王阖闾所建），这是历史的演变与传承。

《吴郡志》卷十五引《郡国志》载："吴王离宫在石鼓山，越王献西施于此山。山有石马，望之如人骑。南有石鼓，鸣则兵起。"所以灵岩山又叫"石鼓山"，这是一种天成的想象。

直到晋代，此山才因山有灵芝石而得名"灵岩山"，"石芝昔含元气生，兹山始有灵岩名"。因灵芝是祥瑞之物，用作山名可志吉庆，且山峦

灵秀，"灵岩山"之名便一直沿用至今。

无论何名，多与山石有关。灵岩山旧有"十二奇石"或"十八奇石"之说。奇石象形成义，名字各个有趣：灵芝石、石马、石罍、石鼓、石射珊、披云台、望月台、醉僧石、槎头石、牛眠石、石幢和佛日岩。清人张郁夫将其集纳成七律一首：

> 灵芝天挺独超群，佛日岩边马迹分。
>
> 罍鼓鸣更宜望月，射珊飞的欲披云。
>
> 醉僧渴望槎头乐，牧竖闲寻牛背纹。
>
> 读罢经幢无个事，钟声塔影送斜曛。

这些奇石中以灵芝石最为突出，它中间呈三灵芝形——灵芝一年三秀（开花三次），故有"巧似三秀"之誉。全国称灵岩山的尚有多处，但都不如苏州灵岩山语意双关，来得贴切。

可惜，明代弘治年间，灵岩山寺毁于一场大火，山僧星散，留下的僧人为生计所迫，卖山以供采石，山体遭到破坏，灵芝石也从此不见踪影。山僧天际为此泪流不止，夜难将息。

如今，可以看见登山道旁一个"户部马捐俸赎山永禁采石"的摩崖石刻，自有其一段掌故。

木渎诗人黄习远痛心弘治年间的那场劫难，力图恢复山景，四处奔走呼吁，得到了当时户部官员马之骏的支持。马捐俸赎回山产，勒石禁止开采，由此保住了灵岩山大部分的山景和奇石。

事情到此似乎有了好的结局，但是黄习远因此举断了地方豪绅自认的财路，被逼远走，最后客死他乡。

当时，寓居吴中的江都人王醇愤愤不平，作《采石谣》讽喻，诗很长，结尾几句让人印象深刻：

> 累累古墓复何罪，伐来白骨横荒田。

山僧坐视花宫废，野人畏触公府忌。

宛上使君何暮来？黄金重赎归初地。

吁嗟乎，但愿千秋得廉吏！

末句嗟叹似惋惜，似庆幸，千百年来悠悠转转印入世人心底。

如今，灵岩山奇拔挺秀，风景清幽，古迹保存完整，既是它过去的样子，也是它将来的样子。

虽然灵芝石只能供我们缅怀，灵岩山的其他奇石却是可以实实在在触摸到的。

站在由姑岭向东望去，可以看见山阜上有一块巨石静静坐在那里痴痴远望。若你也痴痴地望向他，那么似乎下一秒他就会转过头来，起身回家；但又好像万年来他都没有将眼帘垂下。

这就是醉僧石。

相传，唐高僧鉴真东渡时，一名随行的和尚因贪杯误了出海的日期，之后他悔恨交加，枯坐山头，经久变成了一座石身。诗人金兰见醉僧石，联想到吴宫，说了一句"吴宫自见西施后，醉眼昏昏过一生"。吴王和醉僧，一个误了国，一个误了人生，可悲可叹。

也许，醉僧千年万年站立于此的痴痴遥望让吴地人于心不忍，于是有了另一个故事：醉僧本是罗汉转世，在此入定，转为磐石，所以醉僧石又被称为"罗汉石"。

清人毕沅的家就在这石头的旁边，朝看夕看，彼此相伴，于是提笔为这醉和尚写了一首诗《咏灵岩古迹十二首·醉和尚》：

松翠结蒲团，云心抱石骨。

入定不再醒，万古额兀兀。

笑彼饮中仙，修成劫外佛。

果然是多年的"好朋友"，诗人的话可慰醉僧，可宽世人。后来有人

在石罗汉身上刻"妙高寂定"四字，以表敬仰。

吴地人从来都不缺乏想象力，也不缺乏智慧，关于灵岩山的石头，便不止一个典故。这块与山与云终日为伴的石头，因醉眼痴看的样子，又被想象成"夫望妻"，人们还编出一段曲折生动的故事——"痴汉等老婆"——说进了苏州民谚里。

灵岩御道百步阶的右边是灵岩奇石的集中地。经落红亭上山，一路可见鸳鸯石、袈裟石、馒头石、石髻……在石髻下，有一石，其形宛如一人骑马奔上山来，称为"上山马"；石马北面立一石，头朝山下，称为"下山兔"。还有饮水牛、寿星石、和合石、槎头石……皆因貌得名。

我印象最深的是巨石"望佛来"。

巨石所在处已经接近山顶的灵岩山寺了，可称风光佳处。巨石像一头匍匐在地，翘首西望的神龟。一个"望"字，把那翘首的石形刻画得生动不凡。

佛寺禅音

青山一角，白云还在。

灵岩山是适合一个人去的，在枫红的深秋。简媜说，一到秋天，思想就呈现哲学性。在灵岩山很容易找到这种感觉，不立文字，不依言语，只求自心的一种印证，可沉入一种境界里，人与山心心相印。

"塔铃乍喧，山鸟皆舞"，旋律在不经意间诞生，简单又奇妙。聚梦成塔，是叩开心灵的密码。自心印证，自性圆满。这大概是禅的本意，禅从山寺中来，往心中去。

迎笑亭

　　此刻,云把山分开,寺又将云连在一起。其实从任何一座寺宇说起,
都是一个引人入胜的开始。

　　灵岩山寺原本是舍宅,是东晋司空陆玩择吴宫遗址建造的别业,以
备自己颐养天年之用。当时,佛教正处于兴盛时期。得统治阶级大力倡
导,佛寺如雨后春笋般滋长,舍宅为寺一时成为时尚之举,陆玩便也将自
己的别苑赠予了佛门。灵岩山寺便从此坐于灵岩山上,历经唐、宋、元、
明、清、民国直至今日,几经兴衰,迭历沧桑,在一千六百年的风雨里,

已然成为东南名刹。

南朝是佛教发展的最好时期，杜牧的"南朝四百八十寺"说的就是它的全盛景象。灵岩山寺在这个时期得到了很大的发展。能够让沉静的事物跌宕起伏披历荣辱的只有人了。千百年来，灵岩山寺时毁时建，但是聚集往来的人和源源不断的香火，使这座寺宇从不觉孤寂落寞，也使得灵岩山处处透着佛光禅意，成为修习的绝好去处。

灵岩山寺成为江南名刹、著名佛门清净地，有赖历代高僧的传承与发展。

梁武帝天监年间，灵岩山寺扩建为秀峰寺。有异僧在此休憩，入夜在墙壁上自绘其像。据《灵岩山志》记载，这幅像"面骨权奇，肤色皴黑，眉长且垂，眸子电转，眦间青白，昂鼻方口，张唇露齿，擎拳倚右肩之上，身屈可长一丈五寸，衣粗纳袈裟，臂摆大珠，徒跣"。众人见到画像后大惊，知是西方智积菩萨，遂焚香跪拜，请福消灾，敬为灵岩圣僧。

后来灵岩山寺几经战火，时毁时建，然四方信徒纷至，全赖圆照大师、弘储法师、印光法师、妙真法师等一代又一代高僧大德于看得见的看不见的硝烟深处重兴寺院，弘扬灵岩净土道风，由此灵岩山寺由佛门禅宗变为净土宗，"高甍巨桷，雄视一方，梵呗之声，震动山谷"，几经发展壮大为江南佛教大丛林。灵岩山寺的兴衰正应了徐元巽《佛日岩》诗："繁华如一瞬，佛日可云长。"

上灵岩要经过三个亭，亭亭微笑，步步禅音。对于这些亭台，高僧大德多有题额。

沿御道向上，迎面第一座亭，其名也来自大学士苏东坡。苏东坡上山访友，见方丈率众僧笑脸相迎，便应声说出"迎笑亭"。时弘储为灵岩山寺住持，对着因年久而塌复又重建的宋亭说："偶窥残碣，旧有迎笑亭，遂以颜之。"又说，"登斯亭也，苍翠迎人，辗然一笑。"以佛家语说山景自然，是他对迎笑亭名所做的新解。

在此亭中小憩，俯可瞰湖烟隐约，仰可见塔耸入云，一派庄严恬静之感。近处迎笑亭石柱新镌亭联：

松似高贤迎客笑，山径兴复满亭春。

想来这话是合弘储法师心意的。

折道而上的落红亭，是弘储任方丈时所建。"落红"本有春归大地之意，但用于佛门便有了禅机，有了参禅悟道之意。落红亭亭柱镌有吴济时的对联：

观大海者难为水，悟自心时不见山。

语含哲理，启人思索。

正对御道的一座亭叫"继庐亭"，得名于别号"继庐"的印光法师。灵岩山寺自印光法师到来后便日渐恢宏，声名大振。印光法师是我国佛教净土宗十三祖，弘一法师称他为"三百年来德行最高的僧人"。继庐亭内有明旸法师所题亭额，亭柱镌有一联：

大路一条，到此齐心向上；

好山四面，归来另眼相看。

另有一副对联，为湘潭彭飞健所书：

平地上灵岩，过此关头，自有天梯登绝顶；

劳尘修净土，认清蹉路，岂无宝筏渡迷津。

也许这就是灵岩山区别于其他奇山幽峰的地方，这里实在是值得一步一回头。

用脚丈量过的土地，才能明白它的内涵。高僧们走过千山和万水，最后与灵岩两相印证。异僧圆照有赞诗《灵岩山居颂》曰："灵岩山不异灵山，自是时人见不前。对此若

能亲晓得，何须特地觅西天。"将灵岩山比作小西天，同佛祖释迦牟尼所在的灵山媲美。从此，灵岩山寺"梵呗断还续，慈乌散复来"，人烟不断，香火连绵。

"湖山络绎好寻春，秀色灵岩更绝伦。"一座山，无论是否巍峨磅礴，险峰兀立，从历史深处走来，都是那么好看、耐看。

出灵岩山再回望，诸峰林立，"如拱如揖"，如迎如送，如此天造的热情，当真让人心生欢喜。

奇骨 天平枫

相传东海龙王的女儿嫁给了泾河小龙为妻,不料夫婿暴戾,龙女备受欺凌和虐待。

一天,龙女牧羊时巧遇苏州的落第才子柳毅,就请他传书给自己的父亲。

东海龙王身为"四海龙王"之首,听到爱女受苦的消息,大为震怒,立刻点了虾兵蟹将,与泾河小龙大战于洞庭之滨。

老龙王攻势凌厉,把全身功力运于尾部,扫向小龙,小龙情急之下只得躲到山峰后避让。

结果,泾河小龙的脑袋连同山尖一起被扫落,老龙王终于为爱女出了一口气,而那座被扫去山尖的山峰,就是今天我们要说的天平山。

天平山位于苏州城西十五公里处,主峰海拔两百米左右,在群峰环抱之中,高峻奇险,古称"白云山"。

苏州人不仅常劝说游人去天平山看看,自己也隔三岔五地跑去看看。

看什么呢? 看奇石,看清泉,看红枫,看范仲淹。

万笏皆从平地起

天平山山体为钾状岩花岗石，由熔岩渗出地壳裂缝冷凝而成，形成于亿万年前的造山运动。亿万年来，日复一日的风吹雨蚀、冰冻日灼，山石不断开裂、风化，外层不断分解崩落，最终形成了我们今天看到的天平山风貌：十万峰石，嵯峨耸立，千态万状，似狮似虎，似象似鹤，还有那被龙尾扫去山尖的平坦山巅。

传说是人们对自然现象的想象解读，花岗岩浆冷却的水平节理，却

天平山众多的地质奇观中，最有名的是「万笏朝天」

总比不上老龙王的神功让人印象深刻。

而在天平山众多的地质奇观中，最有名的是"万笏朝天"。

嶙峋的奇石直立向天，宛如封建时代大臣朝见皇帝时所用的记事板——笏板，层层叠叠，林立其上，形态各异。待到枫叶变红之时，红枫似火，石峰如笏，尤为壮观。

善良的苏州百姓，也将"万笏朝天"演绎成了一个充满真挚情意的美好故事。

在这个故事里，天平山的岩石原来都是向下的，石尖横向刺出。按相地风水术来说，是一块"五虎扑羊"的绝地，如果选作坟地，那么将先人葬于此的那个家族将从此不会发迹。但心怀天下，一心想让天下人先快乐起来的范仲淹，却将此地选作坟地，把高祖范隋的遗骨埋于天平山山麓。

这下可急坏了吴中百姓。他们都受着范仲淹的德政之惠，得知此事，纷纷祷告，祈求上天保佑范氏。也许是范仲淹的高义感动了天地，也许是百姓的祷告应验了，范坟建成后，千万峰石一夜之间全部立起。后来民间就把这片山石叫作"万笏朝天"，并把天平山别称为"万笏林"。

到了明清时期，文人游天平山，开始在诗文游记中使用"秉笏""万笏"等词语来形容这种奇观。闲来写就青山卖的大才子唐伯虎，在他的《天平山》诗里就有"千峰万峰如秉笏，岭岭嶒嶒相壁立"之句。清代文学家赵翼则在《天平山谒范文正公祠》中写了"森森万笏石参天，丙会千秋傍祖阡"。

万笏朝天因其独特的风貌，与白云泉、古枫林并称为"天平三绝"。然而天平山的奇石却远不止于此。

天平山自然风景区沿登山路分为下白云、中白云、上白云三个层次。拾级而上，尽览奇石美景。下白云的鹦鹉石、玉石笋，中白云的一线天、飞来峰，上白云的卓笔峰、照湖镜，等等，都赚足了游人的惊讶和赞美之声。

鹦鹉石远看好像一只蹲踞着的大鹦鹉，石头的上端呈曲线三角形，顶端向外呈钩状，如同长着弯嘴喙的鹦鹉头，伸向山道，而石周边的树木，则是鹦鹉翠绿的羽毛。游人沿山道上山，必定要从鹦鹉颌下经过，尽管你已经低头俯首，仍会担心撞到鹦鹉那长长的喙。也许，你不撞它，它也会顽皮地啄你一下呢。

过了鹦鹉石向西上行，崖壁上一个造型别致的套方亭赫然出现在眼前。所谓套方亭，亦称"方胜亭"，是指两个正方亭沿对角线方向组合在一起形成的组合亭。周围环境清雅幽静，游人可以在亭中稍作休息，体会一下亭柱对联"高树鸟啼青嶂里，半山泉响白云中"的意境。亭子名"白云亭"，在它旁边的山路上有石斜出，有如破土的春笋，其上书"玉笋"二字，那就是"玉笋石"了。

一线天在白云亭西，是中白云登山路的起点。这里两块巨石拔地而起，直指云霄，远看好像无法通过，待走近了看，才发现内铺二十多层石阶，可容一人通过，难怪要叫"龙门"了。真有"一夫当关，万夫莫开"的气势！若在两石之间抬头仰望，蓝天只有一线，这便是"一线天"。

和龙门一样让人震撼的，非飞来峰莫属了。飞来峰又叫"飞来石"，高约七米，不仅颜色与周围岩石不同，而且微附基石之上，真若从天外飞来，落在此处的。有云游僧人说，这巨石是从四川峨眉山飞来的呢！

明代诗人高启对此深信不疑，他甚至都不敢登上飞来峰，就怕这巨石会再飞一次："风吹峨眉云，东依此山住。我来不敢登，只恐还飞去。"高启的诗友杨基也认为飞来峰还会飞走，而且他认为一定是飞向西天佛国："定向西天竺，昙花顶上开。"

天平山让高启印象深刻的还有石屋洞穴。石屋在中白云亭北，三

面壁立，大石覆顶，历史悠久。北宋苏舜钦游览天平山时看到石屋，将其写在了游览笔记里："逾岭到天平，上观石屋危，苍壁泻白泉，对之极忘疲。"

只要你进过石屋，就会同意苏舜钦"石屋危"的这个说法了。因为石屋在石险云绕的高处，进屋会有顶石将塌的感觉。

上白云的卓笔峰在莲花洞西侧。上尖下粗、高十多米的巨大石块通体浑圆，酷似一支擎天巨笔，直指苍穹。相传，是马良的神笔遗落于此，化为此石峰。

经过卓笔峰，就到山顶了。

平整可容数百人驻足的山顶，如今成了"望湖台"。台上有一块面向太湖的圆形巨石，叫作"望湖镜"。在望湖台极目远眺，太湖烟水之胜一览无余，七十二峰隐约在目，群山环翠，令人心境豁然开朗。

云本无心水自闲

唐代宝历元年（825），白居易出任苏州刺史。公务之余，他常游览苏州的山水名胜。这天，这位风流名士来到了天平山。

他在半山腰休息时，听到了像琴声一般动听的潺潺水声。循着声音找过去，便见到一股清泉从石头中缓缓流出，顺着陡峭的山岩向下流去。他掬起一捧水，尝了一下，甘甜清冽。真是好水！白居易心下赞叹，当即与当地山民一起动手，在山腰筑起石坝，挡住泉流，形成一泓泉水。

看着泉边块块奇石与朵朵白云相映成趣，白居易诗兴大发，写下了"天平山上白云泉，云自无心水自闲。何必奔冲山下去，更添波浪向人间"的著名诗篇，此泉也因此被命名为"白云泉"。

天平山的知名，就始于白云泉的发现和白居易的题诗。

山下，由泉水汇聚而成的十景塘、桃花涧也成了天平山独一无二的美景。

十景塘是个方池，水平如镜。池内种有大片荷花，每至夏日，碧叶红花，煞是好看。十景塘东北角有九曲桥通向天平山庄。九曲桥石板低栏，又名"宛转桥"。

十景塘的池水由山左的桃花涧引入。如今，站在桃花涧前，你很难把眼前所见之景与桃花联系起来。那么，不妨想象一下吧。

很久很久以前，涧边桃树成林，暮春时节，片片落英随流水漂出……这不就是东晋陶渊明在《桃花源记》中所描述的场景吗？"忽逢桃花林，夹岸数百步，中无杂树，芳草鲜美，落英缤纷"，所以桃花涧也叫"桃源"。

张岱访天平山庄的经历告诉我们，这一美景至少在明末还是存在的，《范长白》一文中记："山之左为桃源，峭壁回湍，桃花片片流出。"

十景塘正对着的建筑，是天平山南麓的主体建筑，闻名遐迩的天平山庄，为范仲淹第十七世孙范允临所建。

范允临，字长倩，别号长白，万历二十三年（1595）进士，擅长书画，与董其昌齐名。他因官场事务繁杂而回到天平山，和夫人一起，致力于天平山庄以及山麓周边环境的修建美化。

范允临的夫人徐媛，字小淑，是苏州留园主人徐泰时之女，好读书，工诗。夫妇二人都有较高的文学修养和美学基础，所以在构筑山庄时，"依山为榭，曲池修廊，引泉为沼，通以石梁，布局雅致，尽得画意"。

园中建筑有听莺阁、咒钵庵、岁寒堂、寤语堂、翻经台、桃花涧、宛转桥、鱼乐国、来燕榭、芝房、小兰亭等，均依山就水而筑，基本形成了如今天平山庄的格局。

此后，天平山庄虽几经修葺，但最终仍日渐荒芜。直到1983年，才

由苏州市人民政府进行了重点整修，并重新向海内外游客开放。

　　整修后的天平山庄占地五千三百平方米，巧借自然山水，因地制宜地布置各类建筑群体。全部建筑大致分为东西两个景区。西边正门四进为高义园。"高义园"之名为乾隆感念范仲淹创立义庄所题。高义园正殿悬有乾隆御赐的"高义园"蟠龙金匾，壁间有御碑两块，各刻有乾隆南巡御诗一首。东侧自范参议公祠、听莺阁、寤语堂、鱼乐国、来燕榭至咒钵庵为赐山旧庐。

　　范参议公祠在高义园的东面，范参议即官至福建布政司参议的范

高义园石牌坊

允临。关于该祠的建造者，一说是范允临之子范必英。一说是范氏族人。因范允临在修建天平山庄的同时，捐田千亩，作为赡养族中贫户的义田，族人感念他的德行义举，就给他修建了这座祠堂。

祠中部主厅前植有两棵松树。在这里还是范仲淹的西斋的时候，两棵松树就已经苍翠挺拔，很有君子之风了。后来，范仲淹赋诗誉之为"君子树"，并将西斋改名为"岁寒堂"。

丹枫烂漫

栽种枫树，是范允临继修建天平山庄后，对天平山的又一大贡献。

约四百年前，范允临在天平山种下了三百八十余株枫树。从此，每到仲秋，层林尽染，红枫绚烂胜过晚霞。

到了清代中叶，金秋时节前往天平山赏枫已经成了吴中风俗，学者顾纯曾感慨："丹枫烂漫锦装成，要与春花斗眼明。虎阜横塘景萧瑟，游人多半在天平。"

范允临当年栽种的枫树，现在还剩一百五十二棵。这些枫树饱经风霜雨雪，历劫雷霆烽火，长成了参天古枫，有的满身"突瘤"，老态龙钟；有的枝干盘曲，蜿蜒如虬；有的高达三十余米，树身庞大，需三人才能合抱。

这些枫树的品种是"九枝红"。古人用"九"表现很大的数目，大到无穷无尽。给枫树取名"九枝红"的意思就是所有枝叶都红透，红到不能再红了。

初春，老枫树发出新枝，呈现出勃勃生机；盛夏，它们绿荫如盖，郁郁葱葱；深秋，枫叶经霜，由绿变黄，由橙转红，依次呈现出中黄、橙黄、曙红、血牙红、深红色等美丽色彩，因此还被称为"五色枫"。

到了1984年，苏州军民用两年时间，新栽枫树一千多棵，遍植在高

天平山红叶

义坊、忠烈庙、天平山庄之间。1994年，天平山管理处在枫林立"天平红枫甲天下"碑，碑文记录了红枫特色，并说天平红枫"历史、气势、色彩都较北京香山、南京栖霞山、长沙岳麓山等观赏红叶胜地为胜"。

中白云的望枫台是观赏红枫的佳处。站在台上，正对山上的参天古枫，视野开阔；俯瞰山下，整个山麓似披万丈红霞，流光溢彩，片片红叶在金色的阳光下争奇斗艳，壮美无比。

"天平红枫甲天下"，确实一点也不过分。

先忧后乐存高义

古枫林的北面为白云古刹，即"白云寺"，是山麓的主要观赏区。

范仲淹高祖，唐柱国丽水县丞范隋安葬于天平山左麓，曾祖范梦龄、祖父范赞、父范墉安葬于天平山右麓，按例得置功德寺，于是宋庆历四年（1044），范仲淹奏请将白云庵改为功德香火院，并改名为"白云禅寺"。

仁宗皇帝不仅赐了寺额，就连天平山也一起赐给了范家。天平山从此归范氏家族所有，由范仲淹创设于皇祐元年（1049）的范氏义庄负责管理。为了彰显皇恩浩荡，范氏称天平山为"赐山"，俗呼"范坟山"。

此后白云禅寺历经毁建，直至同治间才由范学炳在白云寺遗址上重建白云古刹，民国初范弥隆又主持了重修。

古枫林西侧是范文正公忠烈庙，也称"范公祠"。历代官吏学者都会来此拜祭范仲淹。"文正"是范仲淹的谥号，表彰他济世为国的千秋功业和先忧后乐的高尚情怀；"忠烈"是宋徽宗所赐，以嘉奖范仲淹在西南边疆的卓著功绩。

现在我们看到的忠烈庙，是由苏州市人民政府根据乾隆十六年

（1751）庙宇旧观于1983年全面修缮的。

庙前高大的石坊气势雄伟，在参天古枫的掩映下，展现出一种庄严肃穆的气氛。石牌坊是典型的吴地石坊形式，三间四柱五楼，正中坊额刻有顾廷龙先生手书的范公名言"先天下之忧而忧，后天下之乐而乐"。

庙宇共有两进，第一进为正殿，殿内的范文正公彩塑坐像栩栩如生，正气凛然。殿东西为范仲淹四子纯佑、纯仁、纯礼、纯粹的彩塑站像，形神毕具，意气风发。

第二进为"三太师祠"，供奉范仲淹曾祖父、祖父以及父亲全身坐像。范仲淹出任参知政事，显名于世，就连他的三世先祖也受到朝廷封赠：曾祖范梦龄被追封为太师徐国公，祖范赞时为太师唐国公，父范墉为太师周国公。"三太师"之名正由此而来。

自唐代白居易拉开与天平山对话的序幕以来，天平山的奇石、清泉、红枫"三绝"逐渐名闻天下。天平山庄、高义园、范公祠成了历代官吏文人瞻仰先贤的圣地，就连清朝的大旅行家乾隆皇帝在六次南巡途中，也曾四次（1751年、1757年、1780年、1784年）到过天平山。

如今，天平山西侧还留着专为乾隆修建的御道，蜿蜒而上，直至橦梓门。青砖被铺成人字形，寓意皇帝万人之上，橦梓门则是当时为此设置的哨卡。

拾级登山，依次经过下白云、中白云、上白云，耳畔是泉水淙淙、鸟鸣婉转；眼前是奇石美景，雄峻奇秀；脚下是古枫参天，园林胜景，待到达山顶，天平山的景色已经尽收眼底。

如果你没去过天平山，那一定要去看一看，如果你去过天平山，那么你一定会常去看看。看什么？看奇石雄峻，看清泉淙淙，看红枫似火，看范氏高义。

莲花 天池水

吴僧道衍跟随燕王朱棣的时候已经四十八岁了。

以他八十四岁而终的高龄来看，进入燕王府邸，大概是人生的一道分界线。之前的人生，是吴山越水间的学禅吟诗；后半生，则是政治风波里的运筹帷幄。

《明史》中说，朱棣发动"靖难之役"，逼死侄子建文帝，夺位称王这一出好戏，是道衍在他耳边"时时屏人语"的。

又说，朱棣能顺利攻破南京城，道衍论功第一：替朱棣守住了北京大本营，又给了朱棣若干有决定意义的攻防建议。

大业既成，朱棣成了永乐大帝，要好好封赏道衍时，这位谋臣却拒绝了皇帝赐的明堂大院。他拒绝还俗，一直住在寺庙里。据说皇帝还赐了两位美貌的宫娥给他，他也推辞了。即便上朝议政，他都穿着僧人缁衣。但他接受了皇帝恢复他的俗姓"姚"，接受了皇帝给他的新名字"广孝"。

他那么热衷于权力的游戏，热爱这场游戏本身的跌宕起伏，而最后胜利者的丰厚回报，他不在乎。在他的人生里，除了权谋，其实还有另一个世界——翻开姚广孝的《逃虚类稿》，他的前半生，是一篇篇的纪游唱和、评书论画。

　　《游天池记》写于元至正乙巳。他文前文后都强调"天池为中吴山水之最而奇者"，所以自己来了三次。三次来天池，都是与"所爱而友者"共游。他详细记录了这些朋友的名字：海云院的僧人士龙、苏州人郑椿、僧人慧略、王清献孙，以及这位王公子的侍女麋氏子……又特别说了，这位麋氏子善吹笙。那些年的天池山上，吴中佳儿女壶觞无停，清乐满山。那些年的姚广孝，工诗，善阴阳术数，以通儒、道、佛诸家之学而闻名，交游的是倪瓒、杨基、高启。那些年，朱元璋在四方征伐，而苏州还是张士诚的地盘，人们的日子还过得平安顺遂。

　　再后来太祖开国，文士们有善终的不多。入明的姚广孝，则早已转变为一个出色的政治家。

　　天池山上，他说有"荡胸怀""畅心目"之感，大概这也是攀登上权力巅峰的感受吧。

　　姚广孝后来回过故乡苏州，颇不受人们待见——亲人嫌弃（"姊不纳"），朋友不待见（其友王宾"亦不见"）。天下人欣赏佩服的是方孝孺那样铮铮铁骨的忠臣，姚广孝的作为，换来的是亲朋的谣语："和尚误矣，和尚误矣。"

　　"广孝惘然。"从前三游天池的逍遥，麋氏子的笙声，已然寂灭在物是人非的岁月里。

　　他后来把永乐皇帝所赐的金帛全都散发给了宗族乡人。

　　他最终死在了京城的庆寿寺，临死前对永乐大帝提出最后一个请求——释放建文帝的主录僧。

画中天池

　　天池山与天平山、白马涧相邻，归有光在《观梅日记》中曾说天池是"小山之有名者"，葛芝《游天池华山记》则称："大抵吴中诸山或旷或幽，兼包并蓄，惟天池独以幽胜。"

　　"华"通"花"，葛芝题中所说的华山即花山。天池山和花山在今天合称为天池花山景区，听起来觉得是两座山，其实两者同在一山。因为山西面有天池，所以这面山被称为"天池山"；而从山的东边看去，山顶巨石特别像一朵莲花，因此山东面称为"花山"。从古人留下的文献来看，人们很早就把西面天池山和东面花山（华山）分开记写了。

　　姚广孝三游天池的至正年间，正是天池山上寂鉴寺初创的时候。

　　其实山上早有寺，本是南朝太常寺卿张裕的别墅，后来张裕被调到越州当太守，遂把别墅舍作了寺院。这座寺院就在山半，南宋时一度因兵燹而没，后有位"张君"在废寺基础上建了自己的别墅，其后也废圮了。直到至元年间才"复改为寺"。明赵同鲁《华山天池院记》说："至正间有环庵在师，中峰本公高弟也，始来居之。创庵曰寂鉴。建石殿，肖石像，垒石为门。"环庵在师，说的是道在和尚，他的号为环庵。"寂鉴"二字，取自佛学中"寂灭鉴戒"之说。"寂灭"境界，度脱生死，《法华经》言："诸法从本来，常自寂灭相。"此境地远离迷惑世界，故是一种"圆满清静寂灭净乐"。山水中名刹得清静容易，而清静之中还有"鉴戒"之律，却是不容易的。

　　石头坚硬，岁月磨出它们更智性的面貌。寂鉴寺有三座元代石屋，都是全国重点文物保护单位。山门西侧，就有石屋"极乐园"，是一座大型佛龛，供奉阿弥陀佛。山门东侧再往上行，有"兜率宫"石屋，供奉弥勒佛。进寺，绕过洗心亭，可以见到最大的石屋"西天寺"。西天寺为单檐歇山式，前有一碑，刻有"寂鉴寺石殿"，因此人们常以"石殿"称之。殿旁立了一块巨石，上书"真彼岸"三字。石殿顶由六个藻井组成，润以青苔，垂下几缕绿藤，风吹过，绿藤轻摇，磐石不移。据释克新《天池寂鉴禅院记》，之前的石建筑、石刻更多，僧人们本就"因岩为屋"，而除了造石屋，还"就石肖释迦、药师、弥陀像，其菩萨、侍卫之神与供养之具皆石为之……于三门左右壁累石作外门"。想当年恢宏的石建筑群，在天池山上形成了一个何等庄严古朴的道场。

　　位于山半的寂鉴寺临着天池水，四周郁郁葱葱，而寺后，则是陡崖垒石。天池的一泓清水，是由钵盂泉、峚雷泉等泉集而成的，如这座山中的一枚翡翠，上涵虚空，下沉无底，幽寂得让人心碎。天池山的石头和

天池

天平山一样，都很有点万笏朝天的意思，有大自然动过刀斧的凌厉和拙气，非常适合入画。

明陆治《天池晚眺图卷》里的石头有仙家气息。他画得很详细，在画中，我们可以看到天池，天池一旁的寂鉴寺山门，寂鉴寺红色的墙，还有寺内的松树林。两位高士临水而坐，俨然不是红尘中人。

更写实的是明代张宏所画的《苏台十二景图册之天池石壁》。此画中的天池和我们今天看到的一样，不算宽广，池畔有若干奇石，几乎能和今天所见一一对应：小娘石、乌龟石、仙人脚、比丘石和刻了"天池"的那块石头……画中寂鉴寺的围墙上方，露出大殿的斜檐，寺后有巨石累累作山，给人高耸险峻之感。岸边也对坐了两位高士。

这天池山，因为有了寂鉴寺，更显得幽深寂静，正应了寂鉴寺山门前巨石上郭诵梅的题字："宛若桃源"。天池边有了画卷中的人物，也更显得高隐世外。今日池旁的一座巨石上刻有"水底烟云"，观张宏图中人物所坐的位置，大概正在这烟云之上。

关于天池山的画都反映了此山的两个特点：其一是天池三面环山，其二是怪石嶙峋。因为三面环山，所以聚气。有山有水，又聚气，在古人看来，是风水特别好的地方，所以自宋以来，就有很多人把墓选在了天池山。现在保存得最好的，是明都察院右副都御史毛澄的墓。

毛澄在历史上，其实并不算特别耀眼的人物。我们只知他在正德年间曾参与平定宁王之乱。但毛澄墓是如今天池山上仅存的明墓，即便放在苏州，也是难得的留存，便成为历史的见证。此墓的石马、翁仲在入山不远处就可见得。墓则在天池后林木中。据载，毛澄八十二岁（一说八十三岁）卒，是非常高寿的人了。在墓后的山坡上，还有一块寿星石，那上面的字也不知是新刻的还是旧凿的。无论如何，也算是与毛澄的福气做了呼应。

莲花峰巨石

莲花峰

　　有水，一定有花。天池花山最有名的花，是石莲花。

　　苏州花山之前称"华山"，与"奇险天下第一山"的西岳华山同名。

　　《水经注·渭水》引《山海经》形容西岳华山："其高五千仞，削成四方，

远而望之，又若华状。"而西岳华山也因"华"与"花"互通，有"花山"之谓。作为五岳之一的西岳华山风光无限，其中一景即是莲花峰，因峰巅有巨石形状好似莲花瓣，李白对此生发出"石作莲花云作台"的感慨。

无独有偶，苏州的天池花山上，也有一座莲花峰。

要攀上莲花峰，也不是易事，若从天池寂鉴寺后出发，可见"温馨提示"的牌子，提醒登山者一定量力而为。一出寺后月洞门，果然是另一重山色。莲心亭后，台阶一级级延伸到山顶，一旁还有铁链供登山者助力并作为护障。这种险峻的态势，在苏州诸山中并不多见。

气喘吁吁爬到莲花峰，可以看到一座巨石，仿若从天外飞来，有些斜斜地落在顶峰，人从巨石下方经过时，会有渺小感，仰望巨石，更有危如累卵的感觉。若稍远一点看，则觉得这石头如出水莲花，有些含苞未放地展态于天穹。

关于巨石，宋代朱长文《吴郡图经续记》有言："或登其巅者，见有石如莲华状，盖亦以此得名。或云，晋太康中曾生千叶莲花也。"可见花山的得名，与莲花峰也有一定关系。

巨石旁还有一块奇石，形如"老佛观莲"。相传，观音菩萨由南海来花山修道，足踏千叶莲花，后来千叶莲花留在了峰顶，遂成了莲花峰。而莲花峰，有"吴中第一峰"的美誉。

峰顶只有石头错落，没有树遮挡，向四方眺望，视野都非常开阔。攀爬上稳妥的石头，站得更高一些，向东望去，越过下方的山，是一片影影绰绰的城市建筑群，向西，可以看到山下的村庄、田野，甚至太湖的一角。南北面，山还在绵延。此时，来者也不禁会生出姚广孝所谓的"荡胸怀""畅心目"之感。

莲花峰看这景色又看了多少年呢？若与莲花峰巨石单独相对，倒想问问它，是不是也是"无材可去补苍天"这才枉入红尘的？

莲花峰不语。只是我总觉得它的特别，也许拓展了苏州画家许多的想象力。元黄公望的《天池石壁图》中，天池山深邈高远。一山还比一山高的层层叠垒，其实和我们的眼前所见很不一样，也不是吴山的真面貌。画家是把那些石头都抽象成了山，把董巨的山水精神给了天池莲花峰。所以细看层峦时，明明那高耸的姿态和天池山不一样，却能唤起自己当日步石登山的种种感受。

这幅《天池石壁图》，也是"元四家"之冠的黄公望浅绛山水画的代表作。画间烟云流润、气势磅礴，难怪董其昌将黄公望奉为"南宗"山水的最高典范。

花山旧事

天池山有寂鉴寺，花山上有翠岩寺。

翠岩寺山门外有中孚亭，纪念的是中孚大师。这位大师曾在文震孟的书信中出现过。当时有一起民事纠纷，是因为山中有某中丞的墓，其后人徐某便据此指出此山是自家的"故物"，想把山寺"攘为祠墓"，于是和山寺的僧人们打起了官司。《华山书》中收录了赵宧光和文震孟的几篇书信，都是针对这起官司的。从书信中可以看出，赵宧光站在寺僧这边，文震孟支持赵宧光。文震孟是做过阁臣的人物，话语很有分量，写给徐比部的信中称："近见与凡夫往来二书，彼此各数千言，某之语大都少年习气，而凡夫报缄，字字根据。"凡夫，是赵宧光的字。在文震孟看来，徐家儿郎是"少年习气"，而赵宧光的言语却是有根有据的。后面又说自己和寺僧中孚连面都没有见过——"若夫本寺守僧中孚，一向云游，不肖未始识面也"，所以只是讲一个"公道"："若误以谕葬为赐祠，以私山为敕建，以势取为气节，以横行为尊祖，流传远近，徒滋口吻。"

清黄昌寿《翠岩寺记》梳理了翠岩寺的过去，其中也说到了这桩公案。当时翠岩寺还名"华山寺"。追溯华山寺的历史，黄昌寿认为早在晋朝，支遁就结茅于此了。寺内大殿始建于宋，毁于元末，明永乐、万历年重修，也就到了公案里中孚大师住持山寺的时候。

华山寺后来的故事有些起起落落，中孚大师的弟子咸默做监院时，"田寺大有增扩"，但后来的心期、远鸿没能好好守护，致"兹山乃归灵岩继起"。华山寺兴起于清初晓青任主持时。康熙第一次南巡时曾召见晓青，并赐书"远清"二字和一首诗。十年后圣祖再次南巡时，晓青已辞世，康熙赐晓青谥曰"高云"，敕"翠岩寺"额，华山寺就此改名为"翠岩寺"。

走进翠岩寺，你一定会先注意到那一片大殿遗址，那是宋代山寺大殿仅存的石柱、石门槛，它们在青山里显得孤独，在时光里展现顽强。

翠岩寺中古木参天，这一地却完全沐浴在天光里，呈现出一种幽微难明的气场，你看得久了，大概也会滋生出每一块石头都会说话的感动。

与石头对应的就是树木，大殿遗址前分别有康熙手植的柏树、板栗树，它们高大，枝叶如盖，笼住了翠岩寺的苔痕，投下来一丝丝变幻的光影。站在树下的所感，正如葛芝《游天池华山记》所言："天地忽为加邃，日月以之益凉。"翠岩寺山门前还有数百岁年纪的银杏树，秋天时，金黄色的树叶与黄色的寺墙构成了一幅绝美的图画。

石头无情，而树木有情，无情处可见有情，如我访天池花山那日雨后的天色，不刻意明媚，却有眷顾和懂得。

翠岩寺里有一古井，揭开井盖，还有清滢滢的井水，这便是怡泉了。相传为支公所凿，距今已有一千七百多年历史。井水温润甘甜，用来沏茶是最好不过。天池山的茶一直很有名气，明代的笔记上说，天池茶在苏州仅次于虎丘茶。茶好，和水不无关系。山西面的天池后，钵盂泉、垒雷泉，都是上好的泉水。如果能饮茶在天池花山里，在一场云忽起又瞬去的雨后，那更是得了茶的天时地利人和。

饮了茶，便下山去。步出翠岩寺，就是"花山鸟道"。这四个字充满了诗意。这确实也是一条和文字相关的山道。摩崖石刻一一呈现。

"洗心泉""铁壁关"……是本来的标识性石刻，"石床""吞石""磐砣""卧狮"……都是肖石形状而取的贴切的名字。因为山中有寺，于是也多见佛说禅语："布袋""皆大欢喜""诸恶莫作，众善奉行"，又见"夜叉头""菩萨面"，遂想起山间的素面菩萨面，原来还与这石头有应和。最喜欢的，却是"坠宿""隔凡""古人居""风袖"这类的石刻，遥想该是何等风雅的人，以巨石做闲章，在山水间钤上自己的心情？

黄昌寿《华山书》称："总石泉岩洞之名六十有二，其间刊于上者，有篆、隶、楷三书，相传篆书系凡夫父子，隶书出于文文肃、戴南枝，楷书朱白民、檗庵等为之。"这段文字中记叙的凡夫（赵宧光）、文文肃（文震孟）、戴南枝（戴易）、朱白民（朱鹭）、檗庵（熊开元）几位士子，生活的时间都在明末清初。当中有隐者，有遗民，也有政客。

熊开元就是一名政客。据《明史》载，他曾"除崇明知县，调繁吴江"。他的主要政绩之一是扳倒了本是东林党、后来却投靠了阉党的王化贞，但他后来继续"咬"辅臣周延儒时，被崇祯认为是耍阴谋，被下令廷杖。之后，京师陷落，福王在南京建立了弘光政权。南京也陷落后，唐王在

花山鸟道摩崖石刻

福州立，熊开元受到提拔。汀州破后，他弃家为僧，最后隐居苏州终老。

他在《华山纪胜题语》一文中解释了自己为何要留刻山石——

予四十年前鞅掌崇川，尝航海至吴门……访是山之胜，见先民石刻与凡夫草篆义相错，辄徙倚摩挲，薄黄昏不去，不徒赏其书法，盖感叹用心深远，欲后之至者，人人知为福地也。

熊开元是天启五年（1625）的进士，之后才知崇明、吴江，"四十年"后，便已是康熙年间，由此可推知熊开元的这篇文章是他隐退吴地时所作。他经过一系列的设问，不仅回答了自己为什么要做"取从上所题磨洗而认之，题未尽者复授以新衔，将涂之丹腹"之事，也讲述了自己对人生的理解，最后他说：

万物皆备于我，自其别者而观之，我皆备于万物，乃至古备于今，今备于后，总无遮阕，亦无间歇。物我古今，一耶异耶，真耶幻耶，解人之目，洞见十虚，周通无始，固无之而非是，即使浅人作境话会，无情之说已炽然如大火焰。

这种承于前、示于后的记录，总是有意义的。

经历了政党倾轧，经历了易代之痛，熊开元用石头记古今之变、真真幻幻的人世，这花山鸟道上的"境话会"，是他的安慰了。

青绿 白马涧

白马涧的出典有二。

清代学者顾震涛的《吴门表隐》载："白马涧，越王养马处，今尚有青石大马槽一具。"当年越王被俘，只得放低身段，低声下气地臣服于吴国，当了养马人。他当时养的马，是为吴国沙场效力的战马。

所以入白马涧不久，就可以看到越王养马石刻，而草屋里，还有越王卧薪尝胆的塑像。

另一个出典来自东晋高僧支遁，宋龚明文《中吴记闻》载："南峰山北有聚落，号白马涧，昔支遁骑白马而来，饮于涧中，因以名焉。"范成大则在《吴郡志》里写道："道林喜养骏马，今有白马涧，云饮马处也。"

无论是越王养马处还是高僧饮马处，都说明这里古时就有好水源。沿着山道来到龙池，乾隆的御碑"明镜漾云根"也是一例明证。"明镜"指的是龙池，"云根"指的是寒山云根泉。云根泉是赵宧光在寒山开掘的一脉细水，高士还题了诗："清冷石间水，恬淡有余滋。但可就山酌，出山多浊泥。"很有些唐诗"在山泉水清，出山泉水浊"的意思。

还好还好，水入了龙池，也是在山中。

行到此处，想起景区前的介绍："白马涧源自支硎山麓，汇寒山、芙蓉、菡萏、石臼、萝卜诸岭之水于一体，涓涓款款也是万年不竭。"

白马涧越王养马雕塑

　　白马涧确实是三面环山。其东面的山脉，就是支硎山诸岭。向南是天平山。龙池的西山坡，有一山光秃秃的巨石。爬上山，放眼龙池，只见龙池倒映着青山绿树，一池水于是有了一汪凝碧的沉静表情。

　　风吹树叶，树叶落在涧水里，龙池只是接纳。这种虚怀若谷的接纳让它似乎不曾染上任何杂质，如明镜一般。这明镜一样的水里，有传说中的桃花水母。

　　桃花水母又名桃花鱼，关于它曾有这样一个传说。

　　在王昭君远嫁匈奴之前，汉元帝准许她重返故里探望父母乡亲。王昭君回乡后，在家乡的青山秀水间回忆起了童年，又想起远嫁匈奴后，再也无法返回故里，不禁心生惆怅。但纵有千般不舍，无奈皇命在身，此次远嫁匈奴又是自己主动请命，不得不去。

　　临行那天，乡亲们纷纷送她，一时间难舍难分。王昭君登上江中龙

舟，看着为自己送行的乡亲，抱起琵琶弹了一曲别离曲。弹着弹着，离愁别绪涌上心头，王昭君不禁潸然泪下，泪水一滴一滴落入江中后，竟化成了体态透明的桃花鱼。

而让人惊奇的是，这些形状宛若桃花的"小鱼"竟真的与桃花同生共死，在桃花纷纷凋谢之时，这些桃花水母也同时在水里不知所踪。

昭君泪化桃花鱼虽然是一则传说，但百姓们能传下这样的故事，说明桃花水母当真如梦似幻，竟能让人联想起昭君这样的美人。

桃花水母通体晶莹，仅有拇指盖大小，漂浮在水中宛若瓣瓣桃花。它对生存环境如水质、温度等要求极高，比如温度不能超过三十五摄氏度，水中不能有任何有害物质，因而难以生存，故十分稀有。由此看来，白马涧龙池的水质确实是十分好的。

桃花水母在我国古代便有记载。

清雍正三年（1725）成书的《古今图书集成》曾这样细致而生动地描述桃花水母："桃花水母形如榆荚，大小不一，蠕蠕然游水中，动则一敛一收，若人攒指收放之状，不知避人，取贮盂中亦然。离水取视，不过如涎一捻，绵软无复形体。"清道光十九年（1839）的《归州志》中也有关于它的记载："桃花鱼出叱溪河，桃花开时始见，有红白二种，花落后即无。"其他古籍中还有："桃花鱼形圆，薄如蝉翼，浮水面作翕张状。"对其出现时期则有："以桃花为生死，桃花既尽，则是无物矣。"

在白马涧看碧波与水里的桃花，于阳光下消磨闲暇时光，没有比这更惬意的了。

寒泉　支硎皴

　　白马涧的东面是支硎山，寒山岭是支硎山向南接着天平山的一带山坞山岭。

　　多年前有一次，我从天平后山上天平山，在天云寺往北望，看到青山中有一座寺庙，黄墙长阶，很是雄伟，后来才知道那就是寒山岭的法螺寺。

　　法螺寺的初建在明万历间。当时赵宧光买山葬父，建寺法螺，请僧人居住，义守坟茔。康熙年间，法螺寺增建了大悲殿。

马咸所绘《大吴胜壤图》中的法螺寺、千尺雪

寒山岭上的摩崖石刻很多，大多是赵宦光自题的，如洗心泉、飞鱼峡、千尺雪、丹井、芙蓉、云根泉等，让顽石清泉瞬间灵动了起来。

其他还有很多乾隆御题的石刻。皇帝来到这方山水佳处，心心念念的，是和当年的高士隔空对话。他六下江南，六次都来到寒山岭，并到法螺寺祈福，因此寒山岭又称"皇宫岭"。爱写诗的皇帝在此写了很多诗篇，仅仅千尺雪一处就让他一吟再吟，后来也都摹刻勒石。

在《寒山千尺雪诗》中，皇帝起句"支硎一岱连寒山，山下出泉为寒泉"，把支硎山、寒山、寒泉的方位都描绘得清清楚楚，其中还有一句"山水与我果有缘"，读起来是大白话，却让人觉得那一刻的皇帝有些可爱。

说到寒泉，其实已经到了支硎山中峰寺。清人李果有《游支硎中峰记》，文中是这样记录寒泉的："稍北为宝月堂，有泉曰寒泉，在南来堂之前，饮之而甘。寺僧云，苍公从事土木时，有杜白雨者指庭前中地曰：'此当有泉。'凿之，不三四尺见石板，仆碑卧其上，启视一泓莹然，深丈许，紫岩居士虞宗臣书'寒泉'二字于山麓，其以是欤。"

中峰寺前有整齐的石阶，往东通向山下观音寺。观音寺是支硎山南峰、中峰、北峰中最出名的寺庙，甚至连支硎山也因为观音寺而被称为观音山。北宋年间，钱氏在原报恩寺的寺基上建了观音院。看以前的老照片，观音寺有大大的题额"支硎古刹"。李根源《吴郡西山访古记》言："下至支硎古刹，即观音寺，以寺中有石观音像也。"据清人的记载，在二月十九日观音诞日，观音山的香市，是苏城一大盛况。

在支遁到来之前，这里不过是一个无名的荒山，因为有了高僧，山才有了后来的人文。山名于是有了"支"字。"硎"是磨刀石的意思，是说这山上"有石盘薄平广，泉流其上如磨刀石"。登临支硎山，你就能体会这"硎"字的造化意义。你还能体会到：支硎山入画时，需配沈周的皴法，才展现得出上天的斧劈——一定是有快意的力量又有细琢的深情。

平远 阳山雨

其实我爱去的那座有文殊寺的山，只是阳山山脉很小的一部分。

犹记那一次进山，清晨就有小雨。

戴了草帽，就不用撑伞，行到文殊寺山门口，抬头望去，半山亭显得有些近。一山草木葱茏，却还遮不住山顶舍身崖的峭壁。

文殊寺创建于东晋年间，据说也是由支遁所开创，山麓重修的寺旁，有一口支公井。此刻，井水正映着天光。

明代古道应该都翻修过，石阶整齐，从路上经过的摩崖题刻来看，这条路线也一定是古人的登山路。摩崖石刻有沈周字，最多的是顾元庆

的题字。

顾元庆是明代的藏书家、书法家,曾住在阳山。他对阳山的爱,也以书和石展现。他写有《阳山新录》,记录了阳山名之来历:"阳山为吴之镇,因其背阴面阳,故曰阳山。"阳山山巅还有他的题诗。

到了山巅,就到了供文殊菩萨的正殿。正殿有三层楼高,建在舍身崖上,显得更是宏伟。难怪有文殊寺是苏州地理位置最高的寺庙的说法。

也是巧,才到文殊殿,小雨就变成了哗啦啦的倾盆大雨。于是在殿外檐下,找了一张凳子坐下,翻出随身带的书。

很久没有这样,因为一场雨而在山上闲翻书页了。

从此大阳山文殊寺给我留下的印象,就是那场让文字充满了滴答声的山雨。那大概是文殊菩萨在以其智慧力,教我如何在红尘中寻得读书的安静。

道光版《浒墅关志》载阳山有十五峰、六岭、四岩、六坞、七泉、三涧。今天我们说"大阳山""大阳山",确乎如此。临别,回头看阳山,山中不断腾起雾气,又消散于延绵的山脉,然后不知道从哪一处,青烟一样缭绕又起。

浮槎银汉

— 天地渺茫，换了人间

时间长河汩汩而流，湖会枯，桥会断，山棱会有缺，古寺再难寻。浩浩烟波，人世早已几回变换。于是，宋人会疑惑石湖畔吴越春秋故址何在；千年前出现的阳澄湖，它的面积发生了极大的变化；古运河与今天运河的路线不尽相同……苏州水悠悠，过尽历史的千帆……春去仍春去，秋来仍秋来。山河故人，浮槎于银汉。

行春　石湖棹

春秋战国，铁马铮铮。

越王勾践忍辱负重许多年，终于到了一洗屈辱的时候。他剑指吴国时，吴王宫里的美人刚舞罢，星眼微醉，而君王则早醉了。

勾践苦心经营十年，对攻吴路线详细筹谋。为了运送军队，他让越国士兵开挖水渠，直达石湖，《吴郡志》引《史记正义》注，"越自松江北开渠至横山东北入吴"。最终，越军正是从这条水道攻入了吴国都城。因了和历史千丝万缕的联系，它就名"越来溪"。

越来溪，今天仍然从南流入石湖，又带着石湖水流入苏州城。相传范蠡就是从石湖入太湖隐居的。周必大说，石湖"盖太湖之派，范蠡所从之五湖者"。越来溪、石湖，承载过具象的历史，也承载了缥缈的深情。

石湖春秋

扁舟一去杳无踪迹。曾经的吴台越垒，城墙高大，砌石竖旗。千秋霸业，如今也湮没不见。宋代的《吴郡志》说，越攻吴时"筑此城以逼之"，又说这越城城堞当时还有些痕迹，"高者犹丈余，阔亦三丈"。

南宋淳熙年间的越城桥，跨在越溪之上。站在单孔的石拱桥上远眺，湖光山色尽收眼底。宋代的石桥建于越城建成的千余年后，而石桥建成至今也是千余年。我们靠着千年前的文字、千年前留下来的桥，想象两千年前的战场，凭着它们传达给我们的点点滴滴，重建起今天石湖边的春秋城池。

除了见证过春秋的战马嘶鸣，石湖还是隋唐新郭的见证者。古文献里，关于新郭的文字不多。我们大概可以推断：公元六世纪，正是短暂的隋朝刚开国时期，行军总管杨素接管了苏州，历经南征北战的这位治理者首先考虑的是城池要有险可守，于是把苏州城移到横山（即七子山）下，新建的苏州城就是新郭。石湖，当时就在这个新郭的范围内。

很嘲讽的是，杨素迁城之前，老苏州城在五代战乱中其实并没有受到太多的破坏，而他为了军事目的建的新郭，却在隋末纷飞的兵火中迅速湮没。入唐不久，苏州城迁回老城。算下来，新郭一共存在了三十三年。

三十三年，对于石湖的岁月来说，本不算什么，但毕竟是做过了州城，这片吴越交战后一直荒芜的地方，就此又进入了苏州人的视野。到了宋朝，文人雅士都来了，"纵舟所如，忘路远近"，于是赋诗，于是干脆陆陆续续把园宅建在石湖边上。范成大的石湖精舍、卢瑢的南村、莫子文家的莫舍……那是宋朝的园林啊，没有高墙的围挡，不是城市山林，是真山林。

有了宋人一代的风雅，就有了后来人的览胜寻踪。石湖，远离政治，在此的春花自然开得自由。越来越多背琴携茶的文人骚客、载酒行乐的普通男女来到这里。曾经汹涌的波浪，缓缓平息，一场温山软水，氤氲出浪漫文气以及亲和的市民感。横跨过越溪的桥，也成了姑娘们走月亮的桥。

月桥水院

这桥，就是行春桥。

十个桥墩，九个石拱。八月十八的夜晚，月亮透过石拱，湖面上就有了一串月亮。若把石湖比西湖，这情致，是堪比三潭印月的。明媚的春日，苏州人来石湖郊游，步步石桥步步春，因此，诗人说："凡游吴中而不至石湖，不登行春，则与未游无异。"

行春桥古来即有，到了宋代，"岁久桥坏"，因此有一次重修。这次重修颇有些周折。范成大《重修行春桥记》载：

岁久桥坏，人且病涉，湖之万景，亦偃蹇若无所弹压，过者为之叹息。豪有力之家，相过环视莫恤，漫以诿之官。前令陈益、刘棠，皆有意而勿果作。

过桥不易，又不宜湖景，每个人都为之叹息，却连有钱人也不愿出力，一个个官员，纵使有意修，也无力做。

淳熙十四年（1187）冬，来了位姓赵的地方官。他问民疾苦，行春桥的问题自然看不下去，"乃令治桥，补覆石之缺，易藉木之腐，增为扶阑，中四周而旁两翼之"。

桥的修建没有惊动乡人，修好后，引

来一阵围观。这桥利于行，利于景，是大好事，人们很是喜悦，同时，也羞煞了一些有钱有力却一直掖着藏着的乡人。他们商量着把惭愧化为行动，准备在桥上修一座亭子，"以憩倦游者"。范成大写文章时，这个亭子"尚庶几见之"，然而唐寅《行春桥图》上是看不见了。

这也难怪，后世一直在不停重修行春桥。明崇祯年间，申用懋就曾为修桥出力，还增建了石栏杆。申用懋是万历年间首辅申时行的儿子。他们父子的墓都修在石湖边吴山下。

七子山山脉每个山头都有各自的名字。吴山是其中之一。它连着楞伽山，楞伽山连着茶磨屿；越城桥连着行春桥，凌波桥连着涌波桥。山色设墨，桥用工笔，湖如晕染，正是一幅元明江南山水画。

山水画中，湖中心有一座孤零零的庭院——天镜阁。

天镜阁这个名字，是范成大留下来的。但今湖中心的天镜阁非彼时

行春桥

的园林。据余觉《石湖天镜阁故址建筑觉庵自记》，今天石湖边余觉的渔庄才是范成大以前的天镜阁故址。那小筑扫地无尘，补篱有竹。当时沈寿已故去，带着叶氏夫人一起入住渔庄的余觉面对石湖，心中块垒稍解，他眼里的觉庵（即渔庄），"秋深而落叶盈庭，春去而飞花满屋"。看着此景，似乎一切都可以放下。然而渔庄墙上的砖刻，一个镌"有情"，一个落"无语"，把余觉与沈寿的夫妻情缘讲得默默而深刻。

　　看从前的图可知，石湖中，是有一个孤零零的建筑的，那也不是天镜阁，而是望湖亭。无论叫什么名字，这一处佳境本身就是石湖图卷中最引人注目的美景之一。从天镜阁望湖望山，观月赏花，瞬忽想起崔敦礼在《石湖赋》里说与范成大的一番话：

　　先生乐哉，虽然，趋朝市者，患于既倦而不知归；入山林者，失于固藏而不肯仕。先生石湖之乐诚至乐也。当如江上之清风，山中之明月，欣然接之，可以寓意而不可以留意。

　　出世入世的感慨，我们总爱对着浩浩湖水生发。在那一刻，我们想融于自然，而在人造的建筑中必然地意识到自己的社会身份。崔敦礼是不赞成为隐而隐的，但他不得不承认"石湖之乐诚至乐也"。

茶磨屿

　　和西湖一样，石湖旁有绵延的山。

　　茶磨屿就是一座山。它是很矮小，矮到最高处都仅三十二米，但你不可否认，有石湖的陪伴，有历史的沉淀，它绝对值得一游。

　　治平寺就在茶磨屿上，石阶引入，山门肃静。寺内，已有三百年树龄的银杏挺拔参天，越公井上，有光影缓缓移动。

　　治平寺，旧名楞伽寺。越国公杨素当年建新郭，曾将吴县县治移到治平寺中。康熙、乾隆南巡时，也都曾在治平寺驻足小憩，所以治平寺又有另一个名字"锦宫城"。

　　一般的庙宇，若能作为皇帝的行宫，大概就算是很可夸耀的事了。治平寺的名声，却更多地来自于栖居过这里的诸多寒士。寄住过治平寺、后来功成名就的读书人很多，其中还有些颇具传奇色彩的人物，章美中、汤珍、陆子冈……治平寺的晨钟暮鼓，在漫长的时间里，与他们相伴。而与皇帝热热闹闹的銮驾相比，明代嘉靖壬午（1522），治平禅寺造竹亭时，才子们的磨墨纪行更显得郑重其事。不过是种了几竿修竹，唐寅说："开三径以招贤，看笋根之稚子；种十个以医俗，延林下之清风。"风过，竹影横斜，飒飒低语，自顾自说些历史的悄悄话，或是说几句清平禅师的指竿说法。

　　这才是治平寺的真正风采。

　　使得治平寺声誉最隆的，应该是治平寺后的石湖草堂。此草堂为明代僧人智晓倡建，得诸多名士助筑。在王鏊的弟子蔡羽看来，倘若没有这座草堂，"游焉者不知其所领，倦焉者不知其所休，是湖与山终无归也"。

　　湖山之游，如何算是"归"呢？

　　想必，湖山心情只是一时的，要有了文字图画的记录，才是人心的一个归结吧。

　　于是，唐伯虎、文徵明、王宠、王守、汤珍便常雅集于此。文徵明为草堂题额，唐寅写了联语。草堂初成，王宠写道："山枕五湖水，堂开千树林。"首夏，名士们一起看竹，王宠写道："扫竹天花堕，看云石镜磨。"王宠是蔡羽的学生，也是一位诗书画都极为了得的才子。他的越溪庄离石湖草堂不远。据说，石湖草堂的助建，他出力不少。

　　今天，修复的草堂外墙上，还挂着这些名士诗酒唱和的词句。

山下，有范成大祠堂，由明代御史卢雍创建，内设书院，因此又称石湖书院。据说，祠堂内以前有宋孝宗所题的"石湖"碑。难得的是，范成大《四时田园杂兴六十首》诗碑刻自范成大的手迹。那是正德十五年（1520）的冬天，卷后有"卢氏家藏"四个字的手卷从浙东流传到苏州。经鉴定，那就是范先生的真迹，立刻引起苏州士人大哗。卢雍把手卷买了下来，摹字刻石。王鏊感慨："独念兹卷始藏卢氏，复数百年兵火乱离，几经变故而以归焉，复归之卢氏，其不有数乎。"

由明至今，又"复数百年"变故了，二十一世纪初修缮石湖书院时，这七方诗碑得到了妥善的保护。

在范成大祠堂一旁的是石佛寺，又名"海潮寺"。古代人们就着普陀岩琢出石观音，虔诚礼拜。供奉石观音的石洞，被一瀑清流和一方池塘隔开，一架石梁横于石崖上，其上镌刻了"梵香胜迹"四个字。观音殿里高挂的匾额"普门香梵"为乾隆所题，对联也是他写的："愿力广施甘露味，闻思远应海潮寺。"

御道和楞伽塔

乾隆六次南巡，石湖是必到的地方。

他坐过石湖的船，听过治平寺的钟声，为海潮寺题了匾额，当然不会错过上方山。

自茶磨屿南下，有一条通向上方山上山处的小径，蜿蜒经过郊台，这就是乾隆御道。

小径全用小砖和细石块砌成，随着山势起伏，与穹窿山的乾隆御道很不相同。最有特色的是：每隔十米左右，御道上就会出现一个吉祥图案。

乾隆御道共有一千多米长，这些图案也在一百个左右。

一百个吉祥图案，真真是各个不同。

最开始，看到的瓶花、蝙蝠、双钱、回字、麒麟、鲤鱼纹样，都还是纹样里常见的，越往后，创意就越加丰富了：燕子、宝剑、螃蟹、小亭子，甚至是小猴子纹样……小径既有苏州的特色，又有上方山的特色——御道两旁，是葱茏的山林，即便是盛夏，走在其中也凉爽无比。猕猴喜欢成群地在上方山上的山林间嬉戏。它们不怕行人，偶尔会蹿到御道上信步。

进入御道前看简介说，这条乾隆御道是在三天内修好的，动用了上万役夫。遥想当年，朴实的民工一边要赶进度完工，一边要搜肠刮肚想出这许多图案来，也真是难为他们了。

简笔画一样的吉祥图案，透露出创作者的智慧和朴实；变换的花样，让我们揣摩乾隆皇帝颇带自信的独特审美。因了祖父和父亲奠定的基础，乾隆当朝时，天下一派盛世景象。精力旺盛的他爱出游，爱热闹，一条御道，也是他心底的骄傲在铺张。

沿着御道，一路行走，在茶磨屿和上方山之间，可以看到写有"郊台"的一块巨石。这郊台，本是吴王在郊外祭天祀地的地方，如今只是一个小小的土丘。"郊台"二字为李根源所题。

楞伽塔在上方山最高处。

楞伽寺始建于隋大业四年（608），后郡守李显又建塔七级，遂成楞伽塔，千年来经过多次修缮。李根源《吴郡西山访古记》里有记载："楞伽宝塔记，正书，阳文，有'宋太平兴国三年戊寅重修楞伽宝塔'等字。"我们今天看到的塔，是明崇祯十三年（1640）重修的，不仅保存了宋塔的风貌，塔壁上还保留了许多宋代的铭砖。

古塔斑驳，静看岁月。

坐在古塔下，不仅可以放眼石湖，还可以看得更远。七子山延绵，石

楞伽塔保留了宋塔的风貌

湖大桥被巨大的绿色柱梁拉着。"中日和平园"内的金光大佛在另一个山头端坐。古城新城一派繁华。

石湖志

石湖距离苏州古城区四点六公里，今天石湖的水面大概有三平方公里，这个由太湖东脉支流形成的内湾，与苏州众湖相比，算不上大，但充满了"游观之美""人物之秀"。

给出这个评价的公子叫莫旦。《石湖赋》里，他把石湖与太湖相比："如彭蠡洞庭、震泽青草，非不万顷茫茫，千里浩浩，然蹈之者身危，望之者胆掉，不若是湖也，规模虽小，而有游观之美，气候虽微，而有人物之秀。"

莫旦所在的家族莫氏是石湖畔的大家族。和石湖有千丝万缕联系的人很多，我们首先能想到的，可能是范成大。而除了范公，世代居住在石湖畔的莫氏也与石湖紧紧联系在一起。这一族中，莫震、莫旦都是我们走进石湖时常听到的人物。

明代《石湖志》，由莫震编纂，莫旦增修，被收录在《续四库全书》中。《石湖志》开篇就有好多插图：荷花荡中荷叶簇簇，花枝轻摇，轻舟飘摇。茶磨屿下有土地庙，湖畔是大片的农田，于是古人诗文里形容的田园生活真切地展现在眼前。又有插图，画了越王城、范公别墅、天镜阁、治平寺、观音岩……与今日景色正好对照参看。《宴集图》上，皇帝御书的"石湖"匾额挂在大堂之上，堂外大树下，人们来往相揖；另一幅《莫氏庆寿图》，人物熙熙攘攘，"致仕八十"的寿星端坐高堂，还有妇人抱了小童，侧目望着门前人来人往。这是千年前，石湖的日常，苏州的日常。

石湖乡贤祠中，供了百余位人物。在《石湖志》的后文中，这些人物

《石湖志》插图

将被一一单独介绍：既有诸公的官职，又有他们的主要事迹，是一份份翔实的资料。当然，其中也有诸多莫氏先贤，包括莫震。莫旦修志书，放了许多莫氏家族成员进去，引起了后人的一些质疑，可从另一方面来讲，却显出他的可爱和实在。

说来，石湖真是一个修志的好地方。

范成大《吴郡志》是地方志名著。莫旦除了修《石湖志》，还投入了三十余年时间修纂了《吴江县志》，工程浩大，功德无量。构筑石湖书院的卢襄，也撰写了《石湖志略》。

宣纸铺张，一横一撇。古人往事，湖山千年。

吟秋　阳澄月

　　宋明道二年（1033），苏州下了一场大雨。

　　这里的人本是不畏风雨的，雨来了，水涨了，吞没了田，冲毁了家，但治水的官吏们会想办法，流离的人们相信水退后就能回家。

　　然而那场雨从夏天开始，没有停的意思。江壅湖溢，苏州知州叶参焦虑起来：城北三条河道经暴雨灌注，漫漫乎与已有的那些个湖荡、水田连成了一片汪洋。往年间，人们还能合力疏通水道，可那只能针对面积不大的水域。如今，这片"姑苏之水"可"与江平"，人力有些太渺小。

　　第二年，范仲淹也来了。为了治水，他拟了计划，向朝廷要钱。当朝的宰相吕夷简与他意见不一。吕丞相认为"积水难下"，治水"重劳民力，大费军费"。一番争吵后，范仲淹磕磕绊绊地治理了茜泾、下张、七丫、白茆、浒浦等水道，但城北大荡的面积实在太大，要追加经费治理不可能了。

　　这个大荡，就是阳澄湖最初的样子。

　　但当时人们还不想承认它是湖，毕竟，这里曾经是点缀了若干小湖荡的良田、家园。又过了许多年，太仓人郏亶主

　　关于阳澄湖的成因有潟湖说、构造说和气象说。根据文献资料，可以明确知道的是宋代之前还没有关于阳澄湖的记载，可能当时只是无名的湖荡。即便到了宋代，阳澄湖还远远没有今天的规模

张重建吴中水利，其中就有把阳澄湖退水还田的建议。

郏亶写了《苏州水利六失六得》和《治田利害七事》，里面的意见很具体，但工程规模实在太大。虽然有王安石的支持，但一下子要征调六郡三十四县十万役夫同时开工，皇帝犹豫了。低眉凝思的时间里，朝政巨变，王安石被罢了相，负责人郏亶被免了职。阳澄湖，也就此保留了下来。

郏亶再路过阳澄湖的时候，夕阳斜落，他应该是叹了口气。作为一个水利学家、实干家，他深爱这片土地，他曾说："天下之利，莫大于水田，水田之美，无过于苏州。"退水还田，是希望农民富足无忧。只是郏亶没有料到，这个大湖泊其实也有和他一样的胸襟。

余晖洒在阳澄湖上，一千年了，波浪翻涌中，它侵蚀过土地，又被土地侵蚀过，水岸时有变迁。到现在，它是近一百二十平方公里的太湖平原上第三大湖。湖中水产、湖畔良田、湖荡美景，都带给了此地人民源源不断的福祉。

因为它，"水田之美"更加"无过于苏州"了。

莲
花
居

莲花

阳澄湖中有"莲花"。这朵"莲花",是人们说的去阳澄湖不可不去的莲花岛。莲花岛,就集中了阳澄湖的水产、民居风貌和真正的湖荡美景。

赏湖景不可无船。古人诸多的风流佳句,多是在一船摇摇晃晃中诞生的。如今,苏州的诸多游船、游艇旅游项目中,莲花岛的游艇可算非常便宜实惠。

若从北码头开始乘船,可坐到西咀码头,沿着莲花岛一路水程,左望所看到的莲花岛,柳烟度水,麦浪摇空,树木浓密,遮住了村落。宽广的湖面上,唯见渔民的小船,在长风中悠游自在。

迎面而见的，是长长的地平线。地平线上，依次可以辨认出园区的第一高楼金融大厦，然后是东方之门，中间低洼处，可猜想就是老城区了，视线往西，又可见高楼突起，应是高新区的新楼。船逾行，那些影影绰绰的淡影渐渐轮廓清晰，劈水斩浪中，连重元寺也能望见了。

登岸又是另一番风景。

你会惊讶于小岛上的各种水鸟，它们自由无忧，成群鸣叫时其声震天，一瞬间又和声音一起消失在芦荡中了。湖滨栈道建在浅水岸，那里游鱼成群，在水草间穿梭。这是它们的世外桃源。

世外桃源里还有诗人才子。钱棨就生于莲花岛莲花居。莲花居原名"澄心堂"，据说当年宅前有百亩荷池，夏日碧波催花放，满眼都是这冰雪之姿的万千仪态，所以宅子雅称"莲花居"。

摒弃了红尘繁华，在莲花居里静心读书的钱棨是个学霸。他的祖辈都是读书人，指点他八股文章。笔杆子纸上摩挲，乾隆四十四年（1779），他在乡试中考中第一名，是为解元；乾隆四十六年（1781），他又夺得会试第一名，是为会元。殿试，皇帝做主考评卷，在他的试卷上写下"第一甲第一名"六个字，钱棨自此成为清代第一位连中三元的状元。

"国朝经百载，春榜得三元。"乾隆不仅提了御笔，批了朱批，还写了御诗。朝廷内外的恭贺如水流，而故乡苏州，为钱棨建了一座三元坊。道光《苏州府志·坊巷》载："三元坊，乾隆四十六年为钱棨立府学东。"这座牌坊虽然没有保留下来，但今天的我们听到"三元坊"这个地名，就会想到钱棨，这是苏州人不加掩饰的自豪。

莲花岛上，如今也有一个新建的三元坊，岛上的人若见了外来路过的小孩子会开玩笑说："你去过过三元坊，沾沾状元气啊。"

过三元坊不必低头，也不必仰望。扶着石柱，眼前平湖也有波浪，潮起潮落，也是学霸的人生。事实上，钱棨也经历过失利，参加乡试落榜六

右图：忆园中的模型展示了水乡人们的生活方式
左图：临水的三元坊

次，第七次才考中解元。更为传奇的是，钱棨并不只是"三元"，实际上他二十八岁时就以县、府、院试三个第一考上了秀才（即"小三元"），共中六元，也是中国科举史上第二个夺得六个第一的状元。所以钱棨的故事很有些励志的意思。

但功名学业，始终和小岛有一定的距离感。金榜题名是热闹而有些迫切的事，莲花岛却喜欢安静和忆旧。岛上忆园，一个"忆"字，把沧海桑田都说遍了。忆园是小岛的私家博物馆。门厅很多，有各式的水族陈列，农具渔具张挂着，又有水乡的民俗、服饰展现。

关于莲花岛的传说在这里集中：为彰显吴国实力，吴王曾在这里举行三万六千甲兵的阅兵式；宋韩世忠为抵抗金兵，也曾在这一带练兵。韩将军扎营处，称"下营"，为纪念他，村民们后来把村名改为了"下营田"。

莲花岛南北很长，从西咀走到下营田，是漫长的一段路，要到药师庙也是远得很。药师庙原名法善庵，相传庵里曾有一位神医——三德法师，他妙手能回春，莲花岛上的村民凡有求医的，总能得到救助。为了纪念他，法善庵后来就成了药师庙。最神奇的传说是，三德法师就是避难于此的建文帝。

一路传说——从先秦到宋到明，是历史的另一个出路。夏夜，瓜棚豆架下，民间的说书人摇了摇蒲扇，无关沙场和宫廷。药师开了几副药方，治疗顽疾，人们因英雄、皇帝的遭遇而感受的种种不平也得到了熨帖。

承载时间的湖

阳澄湖是一个承载时间的湖。早在形成湖之前，这里就有先民活动的痕迹。唯亭草鞋山遗址距离今天的阳澄湖仅六百五十米，其文化堆积层厚达十一米，包括马家浜文化、崧泽文化、良渚文化以及春秋吴越文化。从遗址挖掘出的陶鼎、罐、壶、豆、杯、钵、盆、盘，就可以写下先秦历史的全部编年了。

阳澄湖还有另一种编年，讲述的也是时间的故事。三座屡有兴废的寺庙，在二十一世纪之初都得到了修缮，它们分别是今园区唯亭的重元寺、今昆山巴城的崇宁寺、和位于相城区美人腿的皇罗禅寺。名寺宝刹，点缀在阳澄湖中或湖畔。香火明明灭灭，看尽了朝代更迭，天下兴亡。

重元寺原名"重玄寺"，本位于苏州城内，一直兴盛到中唐。唐后期，因"灭佛"运动而被毁，不久，城外唯亭镇里就出现了一座新的重玄寺。后来，苏州城内的重玄寺得到重建，宋时改名为"承天寺"，而唯亭镇的重玄寺则一直以这个名字被留存下来。直到康熙年间，为了避玄烨的讳，才易名为"重元寺"。

这座本来就因浩劫而生的寺庙，在阳澄湖起起落落的波浪中，也历

重元寺观音阁

经了几世轮回。清道光年间的《元和唯亭志》载："（重元寺）今遗迹俱湮，唯寺前石幢一躯，犹唐时建。"水过石不移，清代很多诗人以湖水为墨，为这躯石幢写过诗。而城内那座重玄寺，几经易名，从承天寺到能仁寺，又到承天能仁寺，最后却只有一条"承天寺前"的小巷做一代名刹的见证。

2007年，重元寺重建在了距原址不远处的阳澄湖半岛。入寺未远，有长桥一拜，通往湖中凌然而立的水上观音阁。重元寺观音阁，供奉的大慈大悲观音像高三十三米，由八十八吨重的青铜铸造，表面贴金，法相极为庄严，是国内最大的室内观音像。

登临观音阁，每一层都可以观览湖景。湖上风浩浩然吹响阁檐挂的铃铎，天地间似乎只剩这些风铃清脆的声音。极目而望，阳澄湖半岛绿意葱茏，时有飞鸟掠过。

这湖上的自在水鸟若是飞得够远，往巴城方向，就能看到树木浓荫处有古崇宁寺。崇宁寺的兴建与重元寺在同一时期，皆由梁武帝敕建，初以庵名。到了明天顺八年（1464）扩建后才称崇宁寺。又到了明弘治年间得以重修。

《巴溪志》形容崇宁寺："夫十朝古刹，一方香火，福国祐民。"而家国巨变，兵燹四起，阳澄湖这历来农耕渔猎之地，便屡遭蹂躏。二十世纪三十年代，日军入侵苏州，湖畔圣地遂为焦土。直到2002年崇宁寺易地重修，才香火又盛。

登临观音阁，远眺阳澄湖半岛

和重元寺一样，崇宁寺紧挨着阳澄湖。但崇宁寺的视野不如重元寺那样开阔——重元寺位于阳澄湖半岛，自然水景绝胜，院内还有长桥短桥，仿佛连接着红尘内外。崇宁寺也有小桥、小亭，却挨着人家。那日寺庙内觅路，见到佛光山庄后，一户蟹农正在整理渔网，他们的孩子绕着巴解塑像玩耍。阳澄湖畔的人间烟火气息，平顺宁和，与这古寺的心宁神安，水天一色般地映衬。

说到巴解，就要说到苏州城乡间流传的一个传说：

传说夏禹治水时命巴解督工治水。督工时，巴解发现这一带"夹人虫"毁坏秋稼、肆虐无忌，便带领人们筑城挖壕，在壕沟中灌入沸水，又举火灭虫。因越过壕沟而被烫死的"夹人虫"甲壳彤红，发出阵阵香味，巴解出于对这些"夹人虫"的愤怒，又怀着对这香味的好奇，第一个吃了起来……

后来的事情大家都能猜到了，巴解吃的"夹人虫"就是蟹。连这个"蟹"字，据说都是为了纪念巴解。而巴解也因除害有功得到了夏禹的封赐，他受封的这一方土地就是昆山巴城。

崇宁寺往西，一路到美人腿，再沿着美人腿往南，便是皇罗禅寺。皇罗禅寺原名积善庵。清乾隆年间，此庵改名"王路庵"，意思是此处曾有王官贵族停留。又有"皇罗庵"的名字，相传是因为乾隆皇帝曾下江南寻父，在此留宿了一夜得来。

即便有皇帝来过，皇罗禅庵也未能避免荒颓没落。直到民国年间，上海圆明法师带二徒来此重建寺院，修建了大雄宝殿、观音殿、地藏殿等，才结束了荒颓之势。庵外还有田，占地面积有一万平方米左右。这个数字是惊人的大。

今天的皇罗禅寺，占地虽不及一万平方米，但仍极广阔。寺名和朱红、宝蓝、金色的建筑，都让人想到皇家气象。

而阳澄湖的风，摇动钟楼的铃，就能把人的这些遥思拉回到苏州。皇罗禅寺三面临湖，却并未刻意以水景示人。这也显示出，皇罗禅寺并不是要做一个以景娱目的游览景点，它是佛家的禅寺道场。它的气度不是震慑，而是包容，正如入寺的对联所说："到此处便是有缘人。"以前的王官、传说中的皇帝是它的有缘人，今天的我们也是。

吟秋

翻开古人的诗集，我发现他们很喜欢两个时候的阳澄湖：一是黄昏，一是秋天。

然而这两个词和其他古诗里的意象不一样。阳澄湖的黄昏不是乐游原上的残阳，而是带了暖意的夕照，常伴着数声栖鸟鸣叫，几树繁花。秋也不萧瑟，诗人们甚至有些迫不及待，因为秋风一起，便是吃蟹的时节了。

《红楼梦》里的蟹宴看得人眼馋。吃了蟹，众人写诗。林黛玉的开篇一句是"铁甲长戈死未忘"，让人联想到阳澄湖莲花岛上阅兵练兵的故事。末句是"对斯佳品酬佳节，桂拂清风菊带霜"。写毕又觉得没写好，举烛烧了，一点不怜惜——这确实不像林妹妹的笔调。可见，有了蟹的秋天，美人也能忘了愁忧。

读诗，读古人心情，也能看到消失的景色：

古有"阳澄八景"之说。莲池湖的夏天,慈云庵的冬天,都让人无限向往。撰写了《元和唯亭志》的沈藻采写下"连天雪舞芦花白,隔浦星明渔火红",于是我们仿佛看见了当年的白雪芦花,仰头星光微弱,黑暗水域上闪烁点点渔火,时间一刹那有些凝固和混沌。

孙墓斜阳也是旧"阳澄八景"之一,有诗描述:"山衔落日孤村晚,天接寒流九月秋。何处渔郎弄横笛,一时杨柳满汀洲。"秋天和杨柳在一声横笛中较量时间,它们各自放弃了文人常年来赋予它们的固定心情,如同画家一定要写实那一卷山水画:阳澄湖畔孙墓村的柳树,在秋天也有盎然生气。

还有月亮,隔着岁月的月亮,古人说,最好到澄湾去看:

月色波声水国秋,一洲秋水抱湾流。

冰轮倒映轻罗白,碎锦寒涵宝镜浮。

烟带萤光依古岸,云连树影渡中洲。

更深莫讶浑忘寐,清景谁能几度游。

苏州的园林里有很多看月亭,看的是园林里水中的月,而不是天上的月。阳澄湖畔,诗人也看月,看的是湖中的月,那月亮如同碎锦浮水,又泛着宝镜的光华,被浪簇拥着与古岸树影一起摇晃,这是园林春池、平湖秋水里见不到的。

"清景谁能几度游",类似的话,东坡问过赤壁。水天无涯,吾生须臾,谁能"抱明月而长终"?人渺小如蜉蝣,此刻诗中风物也难以长存。如今,慈云庵是学校,孙墓村搬迁,原村的湖滩上建了现在的重元寺。澄湾开发有大酒店……阳澄八景,大多只能从纸上寻觅了。

这是时间的潮起潮落,虽有些怅然,但阳澄湖就是这样一点点改变到今天的。明天的阳澄湖,也许又与今日有不同。这中间会有天意,或有人为,但料想和期待之后的岁月,阳澄湖总会更美。

旧「阳澄八景」包括：莲池避暑、慈云晓霁、孙墓斜阳、断桥落雁、鹜峰烟雨、淀渚渔灯、澄湾夜月、界溪晚渡

千年 运河岸

　　大业元年（605），隋炀帝杨广登基。新皇帝在春天就征丁百万开通济渠，又征丁十余万，把本来堵塞的邗沟挖通。耗上几百万人工，连接淮河和长江的水系通畅了，皇帝于是乘了龙舟到江都来看琼花。

　　邗沟是吴王夫差十年（前486）开凿的。邗本是一个邻近吴国的小诸侯国，早为吴国所灭。为了北上与齐、晋争霸，吴国筑邗城，从邗城西南引入江水，穿过樊梁湖、博芝湖、射阳湖、白马湖，从末口入淮。《左传》说："吴城邗，沟通江、淮。"邗沟，就是隋炀帝大运河的基础。

　　隋炀帝看完了琼花，又有了新的想法。大业六年（610），皇帝下令开江南运河，"自京口至余杭八百余里，广十余丈"，目的是通龙舟。京口是今天的镇江，余杭就是杭州，其中自然要经过苏州。当时的运河苏州段，西至今相城区沙墩港，南至今吴江区王江泾。开河充满艰辛，苏州民役劳伤无算，这其中，还利用了苏州本来的护城水系。

　　年底，大运河全线开通了。但隋炀帝还来不及享受龙舟下江南的风光，各地就爆发了大起义：为开凿大运河，全国征调民工三百六十万，一年劳累而死的就达两百五十万。

　　不久，隋朝覆灭。然而以数百万生命换来的运河，在之后一千五百多年的岁月里，承担起了黄金水道的作用。

皇帝的龙舟远去，却有万千商船高挂布帆，在苏州运河段往来。运河两岸，民舍、商铺、会所甚至镖局也逐一多了起来。《姑苏繁华图》里，船碰着船，桅杆触着桅杆，石桥精致，连接两岸。"公家运漕，私行商旅"，漕运繁忙，商业兴旺，市民依靠着水生活，名人们纷至沓来，画卷铺开，名胜就在运河两边点下墨迹。

河上守城人

盛夏的时候，盘门城墙的爬山虎绿得张扬，它们疏懒地爬得一层叠了一层，厚实的绿意，见证的是城市长期的安宁。登城墙的石板坡道很长，凿成锯齿状的石头一阶一阶都上了年纪，其中还杂了一些武康石。

盘门是苏州现存的唯一保存完整的古水陆城门。古运河水环抱盘门，自北向南绕城而过。

　　运河水和盘门的历史都可以追溯到春秋古吴国。据《苏州词典》载，吴王夫差元年（前495），吴人就开挖了从今苏州阊门向西北经浒墅关到望亭沙墩港的航道；盘门则是伍子胥所造阖闾大城中的八座水陆城门之一。到了隋朝，苏州本来的水系借作了古运河的一段，而盘门则在元明清三朝的修葺中保存了下来。

　　一个四通八达的要冲，因了交通的便利，自然也是兵家必争之地。盘门城楼上高悬的"吴中锁钥"四个字，说的是盘门对于苏州来说至关重要的屏障作用。这也便于我们理解盘门的朝向问题：盘门本处古城的

西南转角处，南北城墙转为东西城墙，按理说，城门方位应该与城墙垂直，也该是南北向的。但盘门的朝向却是东偏南，平面来看，还有些呈曲尺形。这样设置，除了可避免被古运河与西塘河的急流冲击外，大概还有便于从两个不同方向守城的目的吧。

水门在陆门南侧，内外两重，分置水闸和木栅，两门之间有暗道通向城楼。陆门也是两重，巨大的石闸带给经过的人压力，前拱不仅有闸孔，还有三个石孔，形成一个"品"字，这是为了预防敌方火攻。

陆门两重门间，形成了一个"瓮城"。两重陆门都不在瓮城的中轴线上。瓮城是至正十六年（1356）由张士诚增建的，口小腹大，如果诱敌入内，两边的城门一旦关下来，就真如瓮中鳖了。这是战争的智慧处，也是残忍处。

登上城墙，能看到升降闸门的绞关石。在古代的和平年代，用绞关石的绞索拉起或放下闸门，可控制往来行人与船只，也有防洪和调节水

位的作用。

　　将军楼巍峨雄壮。据说伍子胥建阖闾城时就有筑将军楼，古称"点将台"。想当年，这城楼上战旗飘飘，将军登楼远望，豪气干云，战士们列队成行，执戈仗剑，何等英姿。

　　盘门城楼上也有炮台，古炮已经喑哑，失了光泽。即便拥有具有如此进攻性的武器，我们看到的苏州，更多地展现出的是"守"的一面。

　　运河带来便利，来往船只熙熙攘攘，这是运河带来的繁荣的一面，另一面，运河带来的则是人员的混杂、社会的复杂。如此便尤其需要江南人的"守"，要在这水的圆融和拍打中，坚持硬朗和原则。把运河一分

右图：盘门城楼上的古炮

左图：升降闸门的绞关石

为二的枫桥，是当时全国最大的米豆集散地、最繁忙的漕运中转站。那里有一座铁铃关，是明代专为抗击倭寇而建的。"铁铃关"三个字，呼出来就有铁骨铮铮的味道。

盘门和铁铃关的"守"是官方的守。从盘门沿着古运河北上，可到阊门一带。那里，则流传着诸多民间传奇：这一片曾广布镖局，大宗的水路镖，既保障商货运输，也护送进贡物资。镖局里的那些镖师精通水战、步战甚至夜行术。他们起镖时，人不离船，兵器不离身，既可在船篷上走梅花桩，又可在水下贴身相搏。张德茂的永玉镖局、左昌德的昌隆镖局，都有故事。又有江淮泗帮，专门负责运送皇粮，出发地就是阊门太子码头。民国时期上海青帮的主要人物，大多就来自江淮泗帮。

从清中期到民国，运河保障了他们的生意来源，孕育了他们的江湖规矩，但随着银行、铁路等新兴事物的出现，运输有了不同的方式，镖局也就渐渐退出了运河的历史舞台。历史车轮滚滚向前，武功、帮派都在枪火的硝烟中，无奈地挂了一张身不由己的帆，被如风的世事吹得远去了。

瑞光塔

说到运河边的名胜，不得不说瑞光塔。

瑞光塔的历史可以追溯到三国东吴时期，由为报答母恩的孙权，在普济禅院内所修。五代后晋天福二年（937），瑞光塔得到重修，当时塔顶放出五彩光芒，吴越国主钱元璀敕赐铜牌，放在塔顶。北宋元丰二年（1079），高僧宗本禅师到普济禅院说法。在他说法时，天降花雨，亭中合欢树死而复生，池中白龟上岸聆听，堂上法鼓不敲而鸣，这塔顶又放出了五彩光芒，都是瑞相。宋徽宗时，塔改为七级，竣工之日又现神光，徽宗赐额"瑞光禅寺"。

然而，即便是这出现过多种祥瑞的福地，也免不了被后世的战乱所破坏。瑞光寺和瑞光塔屡毁屡修。明末乱世的时候，钱谦益在瑞光寺留下了一记。他眼中的瑞光寺三十年间人物皆非：三十年前的故人，那个领他游废寺的小沙弥竺璠，当初还是"与案上下耳"的高度，如今已"实主"该寺。当年的瑞光寺"殿堂萧然，塔下榛芜，不辨甃城，廊庑漏穿，败甍朽木"，而在竺璠的经营下，如今竟还复旧观。无从施展抱负的钱谦益因此感慨："士大夫之于浮屠，不独思愧也，岂亦可知惧矣乎？"（钱谦益《瑞光寺兴造记》）

士大夫和市民们都对寺、塔存了恭敬的心，无奈战火无情，历经百磨千难，原本热闹的盘门在民国时期成了"冷水盘门"。从民国十九年（1930）拍摄的一张瑞光塔照片中可以看到，那是一座孤零零的塔。巨大的裂缝呲咬在塔壁上，塔身斑驳，塔檐剥落，四周一片荒芜，更显得这塔凄寒残颓。

时间转瞬到了1978年。瑞光寺已然不存，徒留了荒塔一座，被鸟雀占为巢，引来了几个掏鸟蛋的孩子。无意间，他们在第三层塔心一堆干草中发现了两尊彩色泥塑观音像，于是三人继续找。他们扒开干草，露出了一块石板，用力翻开石板，也翻开了瑞光塔新的一页——

楠木黑漆螺钿经箱、碧纸金书《妙法莲华经》、刻本《妙法莲华经》、雕版经咒、墨书经卷、铜佛像、铜质金涂塔、彩绘泥质模制观音、龟纽琥珀"与贞私印"……最珍贵的是那尊工艺极致、镶了四万颗珍珠的真珠舍利宝幢及其内外木函……这可都是举世无双又具有重要考古价值的国宝级文物啊！

当年的三个小孩当然不知道自己发现的是什么。据说，他们当时胡乱地将这些无价之宝装入麻袋带出了塔，在路边休息的时候，他们碰到

了一位干部。干部对他们宣讲了一番国家的文物政策，三个孩子于是主动将宝贝交到了博物馆。1978年，张英霖刚出任苏州博物馆馆长。因为这些宝物是在小冒险家们的手里出塔的，遭到了很多破坏，所以张英霖非常心痛，他在一篇文章里曾说"他们得到的是批评而非奖励"。

无论如何，这些宝藏是真的让瑞光塔重放瑞光了。

今天的瑞光塔，得到了妥当的重修。因千年前修塔时曾有白牛肋役，力尽而亡，所以瑞光塔前，有今人新塑的白牛石雕。石雕对面，则是明代古碑，镌刻着明太祖朱元璋御制的赞词，碑文由苏州才子文震孟所书，文曰：

大智力人，性定心方。

稳首陵穹，脊骨纯钢。

瞑目而逝，余灰塔藏。

信有之乎？

灵明长存，午夜放光。

瑞光塔的底层塔心采用的是"永定柱"的做法，有各种斗拱三百八十余朵。那天我一人上塔，上塔的阶梯非常逼仄，塔内柱子斑驳，走楼梯时可以看到那些斗拱——

它们已经撑了那么多年了啊，却仍然安静、沉稳、不移，还会有更多的岁月等着它们。

吴门桥的夕阳，觅渡桥的月亮

吴门桥始建于北宋元丰七年（1084），初称"新桥"，是苏州现存古拱桥中最高的桥。

有了桥，盘门摆渡的历史就结束了，"新桥"这一名字因此含有新生活的意思。它高大，宽阔，本是三孔石拱桥，现在成了单拱。清代重修时，以金山花岗石构筑，但还保留了少量的宋代石桥遗留下的武康石。北堍金刚墙下砌了一个宽约零点六米的泊岸，是过去供纤夫过桥的纤道遗迹。

站在吴门桥上看桥下的护城河，河面宽阔，小船在河水中划出一道道水纹。夕阳染红了古运河水，也为岸旁垂柳的叶片边缘镀上了一层金光。

小船摇啊摇，从吴门桥摇到觅渡桥。

觅渡桥也是单拱桥，比吴门桥长。桥本来的名字是"灭渡"。之所以叫"灭渡"，是因为当年这里没有桥的时候，人们要过河只能靠船。因此有船家仗着乘客只能坐船，经常欺凌乘客，横行霸道。昆山僧敬修就差点吃了亏。敬修因此发了宏愿，号召建桥。桥在元大德四年（1300）三月建成，打破了船家的垄断，人们拍手称庆，名之"灭渡桥"。在吴语中，"灭"与"觅"同音，这样一座美丽的桥，于是也渐渐成了我们熟知的"觅渡桥"。

吴门桥是受夕阳眷顾的桥，觅渡桥则被月亮偏爱。到了夜晚，城河两岸的万家灯火和桥上的灯光都在河里摇晃——原本月亮是有些清寒孤傲的，但如今在觅渡桥下的水光里，月光和灯影交织，便有了异常温暖的色调。据说在觅渡桥附近的东汉墓出土了一面日光昭明镜，小圆钮，背面有十八字环绕。当光照射到镜面，与镜面相对的墙上就会映照出镜背面的花纹。

那景象，大概和今天的月亮一样。

故关纤道

运河上有各式的船：渔船、农船、摆渡船、画船……都是民间的船。渔船挂了网，画船载着歌，农船上载稻、载柴，这是水乡的芸芸众生相。再就是商用的航船和负责漕运的沙船。

还有需要纤夫拉纤拖行的大船。

吴门桥

纤夫发力，逆行船和载重的船才会缓缓前行，所以有纤道。

吴江石塘纤道，在吴江堤内，大运河西岸，因总长共九里，旧称"九里石塘"。

这条纤道，是目前江南运河上仅存的一条古纤道，由苏州刺史王仲舒在唐元和五年（810）修筑。它本是一条土堤。宋庆历年间，因为土堤容易被水冲垮，所以又用石增修了。元至正年间，再用巨石修筑，立了石碑："至正石塘"。

石塘纤道在当今得到了修复，还用到了当时的大青石。

像纤道这样的道路，越到后来越少真正用来拉纤了。那么修复的意义何在呢？我们经常会有这样的疑问。浒墅关上塘街之南有董公堤，明代时就"久岁圮坏"，曾两次修筑。申时行写了《浒墅关修堤记》，诗里纤道已然更多的是"六桥花柳穿明镜，七里杨台映碧溪"的胜景。

这与苏州今天的环城河健身步道的景色亦是相仿的。

再不见纤夫，只有悠闲的人们沿着故道闲步。

还有大运河水悠悠，浪卷着千古功过、历代繁华，不停向前。

初晴 金鸡晓

　　金鸡湖，一名金泾溇，一名金镜湖。人们更偏爱的一个别名是"琼姬湖"。这个名字可以牵引出一个民间故事。

　　传说，西施入吴后，夫差荒于朝政，他的女儿琼姬聪慧过人，心中焦虑，多次向父亲进言，可夫差非但不听信她的话，反而一怒之下把她赶到城东大湖中的一个荒岛上"思过"。后来，吴国被越国所灭，琼姬跳湖自尽（琼姬的结局有很多种说法，一说是吴王想将琼姬献给越王，但琼姬在西施的帮助下逃走了）。这个湖从此就被叫作"琼姬湖"，她所葬的地方称"琼姬墩"。吴语中，"琼姬"与"金鸡"音近，所以后来就渐渐被人们叫作"金鸡湖"了。

　　另一个说法则是有金鸡落到了湖上一艘渔船上，啄了船上的米，起飞后在湖上洒下一片种子，即鸡头米，湖于是被叫作了"金鸡湖"。

　　金鸡湖现在是苏州双面绣的另一面，古城的古典和金鸡湖的时尚刹那变换，让很多来苏州的游人啧啧称奇。其实她本身也像一幅双面绣，玲珑岛、桃花岛，还是桃花杨柳的江南风貌，李公堤、月光码头，又是另一番月光灯影相辉映的现代气息。

晚凉　澄湖夕

澄湖，旧称陈湖，又有"沉湖"之说。周王烈《游陈湖记》说："陈湖一名沉湖，父老相传曰故邑聚也，陷为湖。"陶煦《周庄镇志》说，水涸时，可以看到湖中有"街衢井灶"，还有墓道、田界石，等等，这都证明这个湖原本是居民区，后来才沉没为湖。1974年，人们在澄湖前湾、后湾发现了大批古井，出土文物达一千二百多件。考证其时间，大概是自新石器时代至宋代。

澄湖边有碛砂寺。碛砂寺旧名延圣院，有两大典籍遗存，一为《碛砂藏》，一为《碛砂唐诗》。《碛砂藏》是宋六大藏经之一，共六千三百六十二卷，置五百九十函。无论在佛教典籍史还是中国印刷史上，它的至高地位都毋庸置疑的。

现在澄湖边，还有水八仙科普展览馆。不算大，但却很有些野趣，充满水乡的清香味道。澄湖是并不如其他湖山一样有那么些诗词加身，却照样底子厚重，蕴藏有一个消失的文明，又有一部惊天动地的《碛砂藏》，但它仍以非常原生态的样子呈现在我们面前。而澄湖边，那有些晚凉的风，如果你去感受，你会知道风从哪里来，将往哪里吹。

尹山湖

尹山湖因临尹山而得名。尹山上有崇福寺。崇福寺在当地影响很大，有『因寺成市，由市成镇』之说。以前山上还有澹台书院。遗憾的是，古寺书院现已不存。之后消失的，还有曾经苏州最高的石拱桥——尹山桥。

现在的尹山湖是一座美丽的生态公园。环湖一带是居民区。夜风送凉的时候，人们都出来了，喧闹的场景，不禁让人遥想当年尹山『因寺成市』时人们往来走动之景。

澹台湖

澹台湖，因澹台灭明而得名。《吴地记》云：『孔子弟子澹台灭明，字子羽，宅陷为湖，湖侧有坟。』澹台湖是太湖的一个水口。湖水自西从太湖而来，东出水口流入运河，那里有我们熟知的宝带桥。在湖西，也有一座古桥，即五龙桥。五龙桥始建于南宋淳熙年间，但我们现在看到的是清代重修的古桥。

独墅湖

沿着独墅湖边的白鹭园向东走，一路可以走到月亮湾。这一路没有名人典故，只有最江南的风景。途中会路过独墅湖边的一座教堂，很宏伟，大家都爱来这里拍照。独墅湖因为在教育园里，所以到处是青春的面孔，和那些初发的花卉一样，青春得让人不敢直视。这里似乎一直都是明亮的。因为面前的湖太大，即使阴天也不会让人感到压抑。恰如这里的人们，心胸开阔，自信、明亮、美好！

肆

太湖烟云

—— 江湖之远，归隐云间

三万六千顷的太湖中，"为山大小七十二"。若从湖中观山，那一脉脉都是王世贞的遥山黛色；若登山而望湖，湖中还有船，那定会有潘耒所言的"浮杯一芥"之感。太湖遇到了山，心中意才接上了目中景。云气自水而上，漂浮到点点远山中，于是隐士们找到了好去处。

结庐 穹窿会

乾隆十五年（1750），皇帝宣布了一个不得了的消息：朕要南巡。

于是从朝堂到地方，从后宫妃嫔到老百姓，都忙碌地准备了起来。勘察路线、整修名胜、兴建行宫等一系列准备工作，花了一年时间。

终于，乾隆十六年（1751），皇帝带着皇太后、皇后妃嫔、随从大臣、侍卫人员等，浩浩荡荡地下江南了。

南巡的目的不外蠲赋恩赏、巡视河工、观民察吏、加恩士绅、培植士族、阅兵祭陵，等等，当然也包括游览江南名胜。观古赏景，赏心悦目之余，少不了赋诗唱和，题字留念，广写匾额。

也许是为了效仿爷爷康熙，也许是江南的美景风物太让人留恋，也

许真如传言所说是为了寻亲，总之，此后乾隆又五次南巡，虽愁煞了不少官员百姓，却也捧红了江南的诸多景点。

六次南巡途中，有不少地方是乾隆每次必到的，比如穹窿山。每次登顶穹窿山，不论是坐轿还是步行，乾隆都是沿御道而行。

御道并不陡峭，就地取材用山石铺成。其实这条山道早在宋代就已经砌筑，道路也很平坦。但是乾隆南巡前，为了准备迎驾，还是对这条道路进行了修缮。

如今，乾隆皇帝走过的御道成了人们上山的主要道路之一。

山一程，水一程

一入穹窿山，先见丹泉。相传，古时赤松子在穹窿山取赤石脂，汲穹窿水炼丹成仙，此泉为炼丹之泉，故名"丹泉"。铁竹亭静静地坐落在丹泉后，两侧的竹子青翠茂密，躯干挺拔，直冲云霄。为纪念铁竹道人施亮生在穹窿山建上真观，此亭名取其号，命名为"铁竹亭"。

铁竹亭后，御道早已延伸了数百年，静候游人。如果从清晨开始登山，那古道两边的翠竹，摇着寒露，就能把山风也摇出古时的低吟——

丹
泉

噫吁嚱，噫吁嚱。一旁的溪流，无声地润过枯木顽石，偶尔，水拂过石头上的字，像是造化的润笔。

有人说，当年乾隆来穹窿山是为了寻找生父。这不，御道边还有他跪拜上苍、祈求父子相逢留下的膝印呢。这个双膝印记，就成了人们现在看到的双膝泉。泉边的慈孝亭，就是后人为纪念乾隆的孝心而建的。

关于双膝泉的由来，其实还有一个版本，说是当年三茅真君在此跪拜日月星辰时留下的膝印。这一说法，有"茅君礼斗处"石刻为证。《穹窿山志》对此也有记载："双膝泉，山之半有片石，膝痕宛然，世传茅君礼斗处，膝印中潴水不涸，后人名双膝泉。产石蟹，如钱大，美丽可玩，好事者每入山取之。"

再往上是土地祠。

　　一位当地老人告诉我们，土地祠供奉的土地神叫施醴泉，香山人。为了保护当地居民，施醴泉率众与太湖湖匪搏斗。在一次搏斗中，因寡不敌众而牺牲。人们把他尊为穹窿山的土地神，香火不断。老人说，土地爷是专门保护伲当地老百姓格。

　　祠旁有半山泉（原名"明珠泉"），泉水不涸而清冽。泉上建有得仙桥，传说过了此桥，即能得道成仙。

　　能否成仙暂且不论，但过了得仙桥，再往上走，就到洞天了。在道教中，"洞天"就是凡间的仙境。简单的两个字，使穹窿山顿时仙气缭绕。青山绿水中，空气都是甜的，你可能会觉得脚步都有些轻飘了。总之，这一刻，来到这里的人是隔绝了红尘琐事的。

　　入了这洞天，哪怕只做一天的神仙不也是好？

据史料记载，此处原为上真观的真正山门。

在浓荫蔽日的树林中前行，前方疑似无路，再前行几步，眼前却豁然开朗。上真观就在不远处，倒真有点"别有洞天""天外有天"的意思。

上真观

乾隆皇帝六下江南，四次都到了上真观祈福游览。

上真观在三茅峰最高处，雄伟壮观，气势磅礴。

东汉初年，出身望族的茅盈、茅固、茅衷兄弟三人上穹窿山修炼，皆得道，合称"三茅真君"，曾修茅君殿，留有"断碑"残迹。汉平帝时，始建道院。

此后，几毁几建。《金盖心灯》载，清初顺治年间，"穹窿山铁竹道人施亮生栖穹窿山茅君故宫，鸠材修葺殿堂，不数年，初其建筑群体"。施曾从王常月受戒，为全真龙门派第八代弟子，后改宗正一，开创穹窿山支派，于是声名显赫，四方征请。

当时穹窿山之盛已然超过了玄妙观。《玄妙观志》载，清初顺治间，龙虎山五十三代天师张洪任游访穹窿山，清廷赐额"上真观"，并赐穹窿山道士施亮生号"养元抱一宣教演化法师"。清顾诒禄《铁竹道人画像》云："时吴中道院之盛，首推穹窿。郡城玄妙观，殿宇巍然。年久殿倾，太傅金文通公延请道渊主观复修。"

上真观在清同治年间达到鼎盛，成为江南的道教中心，建筑殿宇无数。现在人们来到上真观，能看到的只是部分恢复了的景致，虽仅是一部分，已十分雄丽庄严。

上真观的主要结构均沿中轴线排列，从东向西，顺势而上。以山门殿、三茅殿、玉皇宝殿、三清阁为中轴，两侧建有金钟楼、玉磬楼、祖师殿、天师殿、观音殿、文昌殿、药王殿、财神殿等。

　　山门殿是上真观镇山之门，殿内供奉王灵宫像，赤面三目，手执金鞭，司天上人间纠察之职，拒邪魔外道于门外。联曰："三眼能视天下事，一鞭惊醒世上人。"殿两侧为金钟楼、玉磬楼，寓意着"金钟玉磬，和谐平安"。

　　殿外左侧有一石亭，匾额书"品泉"二字，亭中有口三眼井。一块巨石在井口之上，凿成三穴，形似"品"字，品泉之名大概由此而来。

　　三茅殿里，"三茅真君"神态肃穆。三茅殿上方的横匾"句曲神宫"和竖额"三茅殿"都是康熙皇帝所题，表明这里供奉的三茅真君是茅山一脉的，因为茅山又叫"句曲山"。

殿前是一幅青石九龙的丹墀。上面一龙昂首，八龙环绕。殿前两侧各有赑屃驮着石碑，石碑刻着"穹窿福地""中国道教十大名山""江南第一观"等字样。

三清阁是上真观的标志性建筑，瑰丽壮观，气象庄严，无愧"吴中第一阁"之美称。其旁有朝天门，气势恢宏，一步步上前，会使人生出过了朝天门便可腾云驾雾的错觉。两侧联曰："登高祈福玄门修善果，入胜敬香圣境敞琳宫。"朝天门后，天高气清，又是一番开朗心境。平台上面七棵大树排列出北斗七星状，使人生出指点星辰的豪气来。

朝天门对面为乾隆行宫，行宫前的那株白玉兰是乾隆二十二年（1757）清高宗幸临上真观时亲手所栽，现如今，其树干夭矫如龙，直冲苍天。初春时节万花吐白，满树似雪，十分壮观。

三清阁是上真观的标志性建筑

　　乾隆第二次南巡时，人们在上真观建了望湖亭。望湖亭为八角双檐亭。亭内竖着一块御碑，记载着乾隆游玩穹窿山时的心境和感想。而望湖亭旁边的石碑，则记录着乾隆皇帝每次题句的时间。

　　乾隆十六年（1751），乾隆首次来此，题句"百尺耸丹梯，郁罗最上；群峰环紫盖，颢气常清。"第三次来此，题"无劳学赤松"，时间是在乾隆二十七年（1762）。第四次和第五次题句穹隆山的时间分别是乾隆三十年（1765）和乾隆四十五年（1780）。

　　其中描写山湖风光最为气势磅礴的，是"八百里太湖尽收眼底"，为乾隆第二次南巡时所题。望湖亭中诗碑主要呈现的也是这一次的题诗："震泽天连水，洞庭西复东。双眸望无尽，诸虑对宜空。三万六千顷，春风秋月中。五车禀精气，谁诏陆龟蒙。"

望湖亭的风光确乎好，正如皇帝的形容。我第一次来时，还以为这就是穹窿山的最高处。再多来几次，又做了些功课，才知道穹窿山有三峰，即大茅峰、二茅峰、三茅峰，三峰依次高下，铺排开去。所以望湖亭在三茅峰上，算不得最高。

大茅峰，俗称箬帽峰，现在是军事基地，所以并不容易攀登。我们说穹窿山是苏城最高的山，这高度其实要归功于箬帽峰。箬帽峰峰顶，有石碑"吴中之巅"，是穹窿山在骄傲地宣告自己的独一无二。在大茅峰往下望去，是延绵青山，上真观在三茅峰顶，更为青山增加了景色。

孙武和朱买臣

二茅峰上有孙武苑、朱买臣读书台、宁邦寺等，最高处有钟楼。

春秋时期，孙武在吴地的西部山林过起了隐姓埋名的生活。但隐居并非无所事事，世界上最早的军事著作、著名的《孙子兵法十三篇》就是在那段隐居时光里写成的。兵法适应时代需要，隐世是为了出世。

吴山得天独厚的环境想必给了他不少启发。

孙武苑隐藏在一片浓重的绿色之间，这是一所依山而建的茅草屋。竹楼门上，张爱萍将军题写的"孙武苑"三个大字气势不凡。进门，一个竹亭，一所茅屋，好像下一秒，孙武就会手执兵书从茅屋中走出来，邀你一起指点江山。

屋前一泓清泉名曰"智慧泉"，是用竹筒从山上引下的，泉水清澈，取来洗手，清凉舒服。智慧泉边的步道往上是碑廊，穿过碑廊为兵圣堂。

兵圣堂原为穹窿禅寺，又称"福臻禅院"。据说这里原来是朱买臣的故居，梁天监二年（503）创为禅院。相传明朝永乐年间和尚国师姚广孝曾在此隐居。

孙武苑

兵圣堂前同样有座孙武像。此像右手执笔左手拈须，目光炯炯遥视前方，手边竹简陈列整齐。这是孙武撰写兵书的形象，根据明代广陵王收藏的《列代将鉴》图中的孙武像铸造而成。塑像底座刻有"兵圣孙武"四个大字，其中"止戈"组成的"武"字尤为显眼。古兵书上说"武有七德"，即武力可以用来禁止强暴、消灭战争、保持强大、巩固功业、安定百姓、协和大众和丰富财物。

当初祖父为他取名孙武，大概就是希望他能发扬将门尚武之风，有所作为，并且最终以己之力平定天下吧。

兵圣堂四面凌空，四面开门，四周有廊，为典型的春秋时期建筑风格。长宽均为十三米，柱子也有十三根，象征孙子兵法十三篇。

其实关于孙武的隐居地究竟在何处，一直有争议。无论如何，以此山此坞建庐纪念，终是对先贤的一片心意。

朱买臣读书台就在兵圣堂旁边。穿过兵圣堂一侧的走廊，经过名为"翠浮三叠"的凉亭，拾级而上，就到了。

朱买臣，字翁子，穹窿山人，出身贫苦，以打柴为生。朱买臣酷爱读书，不论是砍柴时还是卖柴时，他都随身带着书简，一有时间就读上一段。然而读到年过半百，仍未脱贫。为此，他没少遭周围人的嘲笑，连妻子也常讽刺嫌弃他。之后朱买臣每次上山砍柴时会在这块大石头处偷偷看一会儿书，待要回家时就把书藏在石头底下。

这块大石头，就是朱买臣读书台，它与开封禹王台、汉阳古琴台、北京瀛台、登封观星台同列我国古代"五大名台"，而且是五大名台中唯一纯出天然的。

当然，功夫不负有心人，最后朱买臣经同乡庄助引荐，得皇帝面试。皇帝发现他熟读《春秋》《楚辞》，任命他为中大夫。后累官至会稽太守、主爵都尉，位列九卿，成为西汉名臣之一。书台上刻着的"汉会稽太守朱公读书台"几个字，算是给爱读书的朱买臣正名了。

朱公祠里，朱买臣像手拿书卷，静静地坐着，似是刚背完一段《楚辞》，正在细细体味。两侧对联很有意思："幽鸟喜栖清寂地，野花飞上读书台。"此处确实是个读书的好地方啊。

沿着朱买臣读书台往前走，能到望湖园。一个山顶花园，现在也是游客休闲中心。朝元亭是它的邻居。"朝元"者，礼拜神仙也。这相当于在告诉游客，穹窿山就是座仙山。两边柱联"紫府尤少赤松子，人间岂逢黄石公"，也是这个意思。

与朝元亭相进的逶迤曲折的长廊，是"穹窿十景"之一，为乾隆皇帝钦定。他所题的"西廓数雪"匾额还高高地挂着呢。

廊亭匾额"探雪"是宋代书法家黄庭坚所题，楹联"花浓雪聚，鸟啭歌来"为清代书法家汪研山所题。想来隆冬季节，天降瑞雪时，在此廊中看群山银装素裹，踏雪探雪，别有一番诗情画意。

不知孙武、朱买臣当时有没有走到此处。若有，他们看见的又是怎样一番景象呢？毕竟穹窿山是从来都不会让人失望的。

韩世忠和宁邦寺

抗击金兵、解救高宗、围击兀术、斥责秦桧是名将韩世忠的关键词，这位戎马一生的名将，晚年却在念诵佛经、对月忧国之中度过。

穹窿山北麓山腰的玩月台，就是韩世忠钟爱的赏月之地。石壁上，于右任大笔一挥，写下了"韩蕲王玩月台"六个大字。

玩月台由戏台、茶楼、玩月亭等组成。台下有"百丈泉"，长年不枯，清澈见底。深山古刹，皓月流泉，确实是处赏月胜地。

沏上一壶清茶，就着朗朗月光，将戏台上才子佳人的悲欢离合、王侯将相的尔虞我诈全部咽下。抬眼望去，宁邦寺就在眼前，巍峨耸立，寺中似乎传来钟声，深沉清远。

韩世忠的部下爱将，就是在宁邦寺剃度出家的。韩世忠经常来看望爱将，每一次来，他都好奇，这位爱将又将禅机参透了几分？

宁邦寺始建于梁代，唐以前称为"海云禅院"。韩世忠的这位部下出家后，"海云禅院"改名"宁邦禅院"。"宁邦"二字，就是安宁之邦，希望国家可以和平安宁的意思。

愿望是好的，然而，宁邦寺本身却并未如它的美好寓意那样安宁。尽管隐藏在深山密林中，却仍逃不了曲折坎坷的千年变迁。据《吴县志》记载，宁邦寺于元末毁圯，到明代永乐年间始得复建，万历年间重修。

此后又是屡废屡建。如今宁邦寺依山而建，占地面积九千九百平方米，建筑总面积达三千平方米。整个二茅峰俨然成了一片佛教净土。寺内至今尚保存有明代石刻二方，一为《始建于梁代宁邦寺记》，由文震孟撰书，赵宦光篆刻；一为《山辉川媚》书条石，由徐枋书。

宁邦寺和玩月台之间，有百丈泉。《穹窿山志》载：

百丈泉，在海云禅院后，故佛慧禅师善权迪公住时，众多水少，师卓锡

山半崖石间，有泉涌出，导以修竵，名之曰百丈泉。学士邵庵虞公谒师道留题，有"道人定起日亭午，百丈崖前写玉琴"之句。

百丈泉泉水清冽异常，适宜烹茶。明成化十四年（1478），宁邦寺（当时还叫海云禅院）中的僧人曾用百丈泉水煮茶招待吴宽。于乱石中汲取的泉水竟如此甘冽清爽，这位大诗人显然对此十分惊讶，当即写下长诗《饮海云院百丈泉》记载此事，其中有句：

白云翻海涛，行人渺无踪。

兰若因以名，秀倚青芙蓉。

兹山非百丈，泉名与山重。

问泉所发源，寺僧偶相逢。

涓涓出乱石，瀄瀄循长松。

山中不凿井，饮足忘深冬。

品过百丈泉水冲的茶，听完宁邦寺的钟声，就该下山了。

下山步道叫"福路"，起初为台阶，四周森林茂密，古树参天，树荫

百丈泉

之盛，连阳光都照不进来。随后为石板路，翠竹成片，如果不是阳光在竹叶的空隙间斑驳跳跃，你真的会以为时间在这里静止了。

在任何一处抬头看，周围都山峰高耸，好像拉起了一张绿色的丝绒幕布，将烦躁喧闹全都隔离在外。游人置身在绿色、安静的世界里，鸟鸣清晰可闻。泉水泠泠淙淙，顺山势而下，聚起一个又一个小水潭，清澈见底，留给人们一个又一个惊喜。

其实关于登穹窿山的感受，吴宽也写了首诗记录，其中有两句："我昔闻吴谚，阳山高抵穹窿半。壮哉拔地五千仞，始信吴中有奇观。"海拔三百四十一点七米的穹窿山，三峰插天，嶙峋特起，在苏州群山之中，算高的了。在诗人眼中，连阳山也只有穹窿山一半高。

云气的氤氲、群山的空灵、湖水的温润、山峰的险峻、树木的婆娑，道家的与世无争、佛家的大慈大悲、百姓的聚散离合，全都糅合在穹窿山的一草一木、一石一水之间，随着山风飘散开去，带着时光的味道。

韩蕲王玩月台

渔隐 渔洋歌

还好,伍子胥没有听楚平王的命令,逃走了。

因费无忌谗言陷害,父亲伍奢被囚,楚平王派人召回哥哥伍尚和自己。

伍子胥劝哥哥别回去。这分明是一条死路,有去无回啊。我们回去,只会落得父子俱亡的下场,不如逃去别国,借别国之力为父亲报仇。

但伍尚心系父亲,又担心逃走后不能雪耻,为天下人所不齿,决意赴死。他让弟弟赶紧逃走,日后为他们报仇。

伍尚被捕,伍子胥奋力逃脱,听说太子健在宋国,他便逃往了宋国。

伍奢是了解儿子的。得知伍子胥逃走后,他说,楚国上下将被军事困扰了。

辗转诸国,伍子胥始终难逃杀身之祸,最后逃至江边。

前面是滔滔江水,后面是如虎追兵。千钧一发之际,一位老渔夫帮助伍子胥渡江,摆脱了追兵。

伍子胥解下腰间价值百金的佩剑要送给渔夫。渔夫哈哈一笑,楚国通缉你,悬赏五百万石粟米,且封爵执圭,难道不比你的宝剑珍贵吗?渔夫坚决不受剑。

在率军大破强楚,将楚平王掘墓鞭尸,报得血海深仇之后,伍子胥

渔洋山前「太湖第一美景」石碑

找到当年曾对他有救命之恩的老渔翁的后人，带回吴国，找了块离王宫最近的风水宝地，将他们妥善安置。

这块风水宝地，是凸入太湖的一个半岛，形似鳌首，三面临湖，叫作"渔洋山"。

渔夫的渔，海洋的洋，老渔夫的救命之恩如浩荡海洋，永不敢忘。

太湖第一美景

我一直记得第一次登临渔洋山的场景：

站在渔洋阁前，看蓝天白云下，太湖波光潋滟，渔帆点点，远处群山起伏，犹如出没云际，美不胜收。

天朗气清的日子，特别适合游渔洋山。

从渔洋山远眺太湖

进山门往东，你会看到"梵天香海""天悦桥"，离桥不远处有块大石头，上面刻着渔洋山的由来与伍子胥报恩的传说。大石旁是涌泉，再往前有"平安玉"。

如今，登顶渔洋山，步行、坐索道、坐观光车都各有趣味。步行道在山的东部，蜿蜒曲折，顺势而上，满目苍翠，鸟鸣婉转，最大程度地保留了原生态的自然景观。索道在中间，不长，最适合欣赏太湖大桥。坐观光车从西面上山，一路鸟语花香，使人心情舒畅。有小岔路通向清华寺、紫竹林。

渔洋山山顶，渔洋阁巍然屹立，气势恢宏。登上渔洋阁，"明四家"之一沈周的题诗"长虹引南北，横截太湖流。步月金鳌背，啸歌天地秋"适时地出现在眼前，道出游览者此时的心境。

渔洋阁有五层，乍看上去，像是龙鳌背着宝塔。底层陈列着前人赞美太湖的诗画，往上三层每层都有一块匾，依次为"江南第一阁""渔洋阁""镜天"。最顶层是金玉钟楼，楼顶金饰雕花、楼面纯玉铺设，内有泰福吉祥钟和十二生肖玉钟，承载着人们的美好愿望。

从渔洋阁放眼远眺，水天相接，群山连绵，仿佛一幅巨大的水墨画在你眼前铺展开来。若不是依稀可见山脚下的太湖大桥上车辆穿梭，若不是眺望时，可清晰看到山坞之中点缀的小小村落，你几乎会忘了，脚下的渔洋山，海拔不过一百七十多米。

渔洋山西北部，有延续了一千五百多年香火的四面观音殿。观音殿每逢初一、十五才开放，来烧香的大多是年老的农妇，和善且虔诚。

一个当地阿婆说，很久之前的一个十二月十六日，四面观音骑着金凤凰从天上下来。同时，一块巨石从天而降，在山顶平地中砸出了一个深坑。凤凰告诉村民这块石头底下有一股清泉，泉水甘甜清冽。村民们凿开这块石头，泉水果然喷涌而出。村民们就在此建了一口井，山上观音殿的用水全靠此井。

这口井如今在观音殿的后面，井身大，井水清澈。那块石头在什么地方呢？阿婆说，就在井水的下面，一般人看不见。

渔洋山自古以来就是欣赏太湖美景的最佳去处。登上山顶，太湖美景一览无余，胸中豪气顿生。东山、西山清晰可见，甚至连无锡的马山都能看见，还有很多不知名的山，轻烟朦胧，时隐时现，疑是幻境。

康熙四十七年（1708）春，沈德潜慕名游渔洋山。他是取道米堆山，经钱家磡走的，穿过大片梅花林，走走停停，眼前花光湖影，烟云往来其间，颇为自在。

沿着湖滨迂回前行，渔洋山看着就在眼前，实则越走越远。绕过渔洋湾再走三五里，渐入深林，寂静无人。

登山之巅，全见太湖，湖中群峰罗列，近而最大者为西洞庭（指西山），相望者为东洞庭（指东山），远而大者为马迹（指无锡马山），其余若沉若浮，倏见倏隐，不可名状，三州依约在目。（沈德潜《游渔洋山记》）

　　一代诗宗、文坛领袖王士禛只是望了一眼渔洋山，便怦然心动。他提倡的"神韵说"影响深远，特别强调冲淡、超逸、含蓄和蕴藉的艺术风格。莫非就是在渔洋领悟到了大自然飘飘忽忽、无法用言语来诠释的性灵？

　　顺治十八年（1661）下松江时，王士禛路过苏州，探梅、游太湖，好不惬意。他在圣恩寺一住就是好几天。从还元阁远眺，但见渔洋山矗立在水面上，山上树木青翠欲滴，雾霭如白纱般缭绕在山的四周，宛如仙境。年轻的诗人与渔洋山朝夕相对，竟生出了情愫来，再难忘记，索性就号"渔洋山人"了。

　　在几篇记文里，王士禛都提到了渔洋山，并道出自号"渔洋山人"的缘由。

　　渔洋山在邓尉之南，太湖之滨，与法华山诸山相连缀，岩谷幽宭，筼屋

罕至；登万峰而眺之，阴晴雪雨，烟鬟镜黛，殊特妙好，不可名状。予入山探梅信，宿圣恩寺还元阁上，与是山朝夕相望，若有夙因，乃自号"渔洋山人"云。

从此，世人都知王渔洋。

渔洋山，王士祯魂牵梦萦了一辈子。

渔洋归骨

有人慕名游览渔洋山，留下诗词赞赋，譬如沈德潜；有人爱慕渔洋山，名号都要与之关联，譬如王士祯；还有人要逝世后葬在渔洋山，永久与之相伴，譬如明代书画家董其昌。

董其昌生前游览渔洋山时，就立下遗嘱，要"归骨渔洋"。

董墓在渔洋山北麓渔洋湾，藏得很深，小而简陋，一堆乱石，几丛衰草，只有墓石上"明董文敏公墓"六个大字告诉访客，这里就是你们要找的董墓。难怪当年李根源看到董墓时，始终不愿相信这座荒冢竟为香光墓。

董其昌（1555—1636），字玄宰，号思白、香光居士，松江华亭（今上海闵行区）人。十七岁时，和族侄董传绪一同参加考试。郡守认为董其昌"书拙"，将他排在第二名，从此，董其昌发奋练字。他在《画禅室随笔》中概述了自己的笔砚生涯：

吾学书在十七岁时。先是，吾家仲子伯长名传绪，与余同试于郡，郡守江西袁洪溪以余书拙，置第二，自是始发愤临池矣。初师颜平原《多宝塔》，又改学虞永兴……凡三年，自谓逼古，不复以文微仲、祝希喆置之眼角，乃于书家之神理实未有入处，徒守格辙耳！比游嘉兴，得尽睹项子京家藏真迹，又见右军《官奴帖》于金陵，方悟从前妄自标许，譬如香岩和尚，一经洞

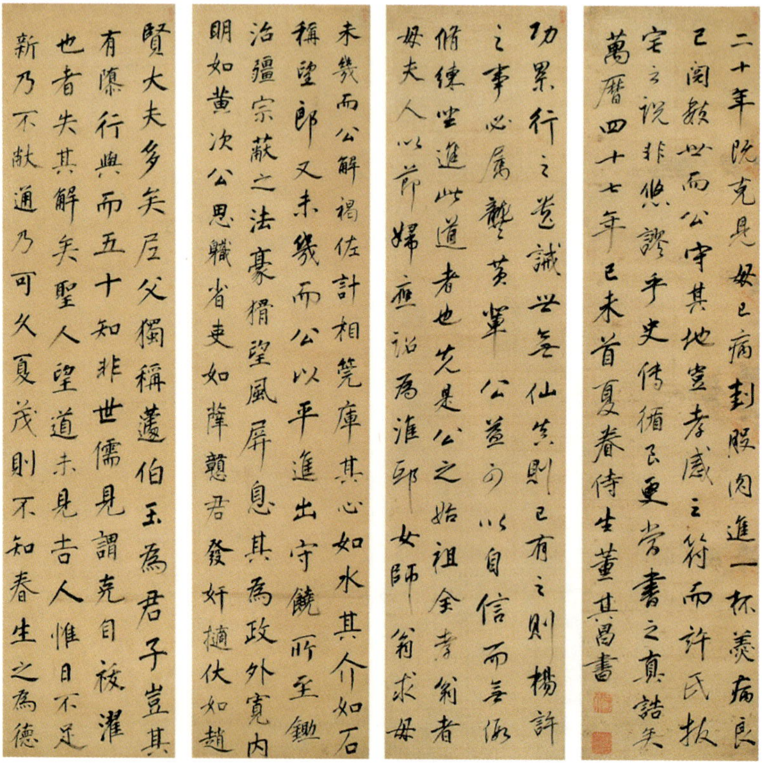

董其昌书法立轴十二屏（局部）

山问倒，愿一生做粥饭僧，余亦愿焚笔研矣。然自此渐有小得，今将二十七年，犹作随波逐浪书家。翰墨小道，其难如是，何况学道乎？

康熙帝曾评价董其昌的书法"天资迥异，其高秀圆润之致，流行于楮墨间，非诸家所能及也。每于若不经意处，丰神独绝，如微云卷野，清风飘拂，尤得天然之趣"。他认为这是因为董其昌临摹《阁帖》《兰亭序》等名家字帖时能得其技法，又善将各类笔法融合。康熙自己也临摹董其昌的字，欣赏其"用墨之妙，浓淡相间"。

爷爷对董其昌的书法推崇备至，爱好书画的孙子乾隆则认为董其昌不仅书法一流，其画更胜，对他有"书画神味萧远，超轶古人"的评价。董其昌的画师法董源、巨然、黄公望、倪瓒，笔致清秀中和，恬静疏旷；用墨明洁隽朗，温敦淡荡；青绿设色，古朴典雅。他以佛家禅宗喻画，倡"南北宗"论，为"华亭画派"杰出代表，兼有"颜骨赵姿"之美。其画及画论对明末清初画坛影响甚大。

董墓附近有昙花庵，同样藏在树林深处。昙花庵原名昙花禅寺，曾名昙云庵。始建年代无考，有说是明朝永乐皇帝朱棣的御弟所建。庵内有清代康熙皇帝御敕"九龙观音"石碑，雕工精细，造型优美。

昙花庵依山势而建，布局独特：卧佛殿在寺门外，大雄宝殿在进门右手边，药师殿在财神殿楼上。大概因为住的人少，还有一部分殿宇暂不开放，不少地方堆积着落叶，积沉着光阴。

大雄宝殿前有株古银杏树，它昂首挺立，树龄超过五百年，生命力旺盛，树的主干上都长出了叶子。两株桂树也有百岁树龄，姿态悠然，青翠可爱。

《香山小志》云："庵供四面观音石像，系萧梁时物，庵为姚氏所掌，或曰为明姚广孝之别业。"可惜原像被毁，如今大雄宝殿内的四面观音像为复制品，供善男信女和游客瞻仰参观。

从渔洋阁到昙花庵，安静始终是渔洋山最贴切的形容词。渔洋阁安静地矗立，山中鸟鸣清晰可闻；清华寺、四面观音殿安静地等待着香客；昙花庵、董墓安静地隐逸在山坞中，连庵前的古桂、古银杏也已静静地站立了百年甚至几百年。

渔洋山就这样等着有缘人，安静而悠然，等着那些王士祯、董其昌们再一次将它永久地刻进心里。

仙踪　缥缈云

时隔十年，再度登上缥缈峰，申时行还是被深深地震撼了。

透过群山远远望去，缥缈峰茕茕独立于云雾缭绕间。登上峰顶，湖光山色尽收眼底，不禁让人生出俯瞰众生、乘风而去的豪情来。

嘉靖四十一年（1562），天资聪颖、生性好学的申时行高中榜首。

从此，"状元申时行"离开家乡长洲（今江苏苏州），开启了他的漫漫仕途。

翰林编修、进入内阁、斗争言官、君臣关系……桩桩件件都让人伤透脑筋，件件桩桩都使人如履薄冰。

申时行始终奉行中庸之道，主张以和为贵。"太平宰相"并不是褒义词，但是，后人如何评说，便随他们去吧。

站在缥缈峰顶，三万六千顷太湖美景俯拾皆是，湖上诸峰宛在襟袖。眼前的景致，让人很容易忘却烦恼。

任你官场风云变幻，老夫万丈豪情犹在，且把酒当歌，乐得一时逍遥。

孤峰缥缈入云烟，十载重来至绝巅。

纵目平临三界尽，拟身独傍九霄悬。

浮沉岛屿飞涛外，断续汀洲落照边。

呼取一尊收万象，狂歌欲醉五湖天。

申时行的这首诗，将缥缈峰写得颇有气势。

"太湖第一峰"到底名不虚传。

缥缈仙踪

所谓太湖七十二峰，四十一峰在西山。而群山环拱，巍峨耸立于岛中央的，便是缥缈峰，太湖山水的精华所在。连绵起伏的群山宛如层层花瓣，而缥缈峰就是最高的那支花蕊，蕴天地之灵秀。

西山有八景，品题约在乾隆前后。所谓八景，分别是"甪里梨

云""玄阳稻浪""西湖夕照""缥缈晴岚""销夏渔歌""毛公积雪""林屋晚烟"以及"石公秋月"。其中"缥缈晴岚"便是对缥缈峰景致的绝好概括了。前人游西山，必登缥缈峰峰顶。

当年范成大登顶缥缈峰，也曾体会到了"一览众山小"的气魄。举目四望，层层山峦平缓起伏，草木葱茏；道道山坞或宽或狭，深长流畅；座座村落粉墙黛瓦，鸡犬之声几可相闻。夹着云絮的清风拂过，眼前如仙似幻的美景使人如置身仙境，心情舒畅，烦恼全消。

他不禁大发感慨："满载清闲一棹孤，长风相送入仙都。莫愁怀抱无消豁，缥缈峰头望太湖。"（《缥缈峰》）

缥缈峰峰顶有一形似鹰嘴的巨石，上刻民国元老李根源题写的"缥缈峰"三字，附近还有紫云泉、砥泉、登高台、望湖亭等遗迹。

仙人台在缥缈峰山腰处。西山岛民有叫它"棋盘石"的。它的传说或不可信，但确乎与缥缈峰一样，仙气飘飘。

主人公是陈巷村的樵夫，陈浮德。一日，他上山砍柴，行至缥缈峰半山腰，发现不远处有人弈棋，但见弈者仙风道骨，不同凡人。陈浮德闲日里也以与村人弈棋为乐，如今见两人"杀"得难分难解，不由得看得入了迷，直到傍晚。

两人见陈浮德看得出神，便点化了他一番。

原来那两位弈者是吕洞宾和陈抟。待两位大仙拱手作别，陈浮德便回身准备下山，这时他发现地上的绳镰全烂，回到家中，近邻均不再相识，他这才明白"遇仙一日闲，世过百年天"。陈浮德将这番奇遇告知村人，仙人台（棋盘石）也就这样流传了开来。

曾在这里聚会弈棋的还有帮汉惠帝刘盈登基的"商山四皓"。"四皓"即用里、东园公、绮里季、夏黄公，因秦末曾隐居于陕西商山，又都白发皓首，被并称为"商山四皓"。

刘盈是不幸的，他的老爹汉高祖刘邦晚年宠幸戚妃，甚至想废黜他这个太子，改立戚夫人之子赵王刘如意。但刘盈又是幸运的，他带着张良手书去商山，真的请来了"四皓"辅助。高祖见太子有此四人辅助，叹道："羽翼已成，难动矣。"就此打消了改立太子的意图。

刘盈登基，"四皓"功成身退，辞官云游天下，最后在太湖之中的洞庭西山隐居。

用里先生隐居于西山用里，今用庵遗址便是用里先生读书处，村中周姓大户，即其后人。东园公隐居于西山凤凰山西南一里，即今东村。绮里季隐居于西山绮里。夏黄公隐居于西山黄公井，其旁居民多姓夏，大多为夏黄公后人。用里、东村、绮里、黄公井，因"四皓"分别隐居于其地而得名，是至今尚留存完整的古村。

禅茶一味

在缥缈峰顶向下望，视线常为层层云雾所阻隔。比如水月寺，从峰顶望它，真应了其名，如水中花、镜中月一般时隐时现。

水月寺全称水月禅院，在缥缈峰下的堂里村。范成大《吴郡志》记载，南朝梁武帝时，西山大兴寺院，有三庵十八寺之景，其中便有水月寺。

这座于原址上重建起来的寺院里，存有明代《水月禅寺中兴记》、清乾隆《重建水月禅寺大雄宝殿记》、袁枚《水月寺大慈宝阁记》三块石碑。它们向每一个来到寺院的人讲述着水月寺的前世今生。

和苏州许多寺院一样，水月寺几经废兴。

水月寺建于梁武帝大同四年（538），曾与法华寺、宝山寺齐名，为江南名刹，相传为观音菩萨三十一相之中"水月观音"造像的发源地。

唐昭宗光化年间，高僧志勤"飞锡止此，爱其山水郁秀"，就址结庐。此时，水月寺已荒废了两三百年。唐哀帝天祐四年（907），刺史曹珪名之为"明月禅院"。宋祥符年间，宋真宗诏赐改名"水月禅院"，并赐御书金匾。

庆历五年（1045），苏舜钦偕友人游览水月禅院。深居湖山绝胜之地的水月禅院人迹罕至，寺僧也非俗世之流，与他们交谈一会儿，苏舜钦便觉心中烦闷顿消。以至两年之后，他对水月禅院依旧印象深刻。庆历七年，他写下了《苏州洞庭山水月禅院记》：

浮屠氏本以清旷远物事，已出中国礼法之外，复居湖山深远胜绝之地。壤断水接，人迹罕至。数僧宴坐，寂默于泉石之间。引而与语，殊无纤芥世俗间气韵。其视舒舒，其行于于，岂上世之遗民者邪？予生平病闷郁塞，至此嚗然破散无复余矣。反复身世，惘然莫知，但如蜕解俗骨，傅之羽翰，飞出于八荒之外，吁其快哉！

水月寺旁有无碍泉。

无碍泉有两口，一雌一雄，在民间被视为吉祥之泉。相传男性用雌

泉水、女性用雄泉水洗手净脸，可使人阴阳相济、消灾灭祸、鸿运高照。苏舜钦是喝过无碍泉泉水的，他在《苏州洞庭山水月禅院记》中大赞其与众不同："旁有澄泉，洁清甘凉，极旱不枯，不类他水。"清澈甘冽的泉水总能让人精神振奋。

南宋名臣、抗金名将李弥大（1080—1140），号无碍居士，晚年隐居西山。大概是无碍泉的水太过清冽，太过特别，竟让李弥大题诗数首，无碍泉因此得名。他在《无碍泉诗并序》中，说无碍泉"泓澄莹澈，冬夏不涸，酌之甘凉，异于他泉"。

无碍泉旁的小青坞出产小青茶，其形如同今日之碧螺春，也可以称是碧螺春茶的"祖先"，唐宋时曾列为贡品。无碍泉与小青茶并称为当时的"水月双绝"。苏舜钦游览水月寺，品过小青茶后，留下了"无碍泉香夸绝品，小青茶熟占魁元"诗句。后人将此二句镌刻在了《水月禅寺中兴记》碑上。

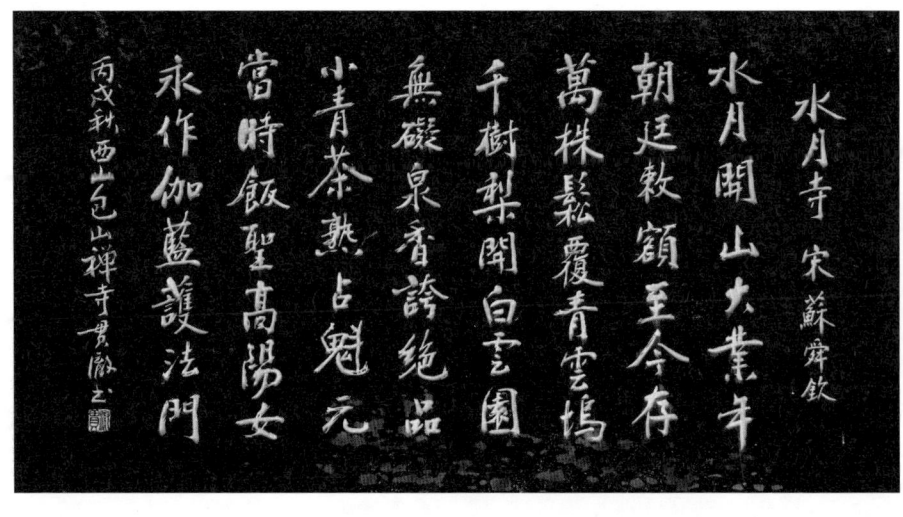

水
月
禅
寺

　　因水月寺的关系，小青茶又叫"水月茶"。有宋代朱长文的《吴郡图经续记》为证："洞庭山出美茶，旧入为贡。《茶经》云，长洲县生洞庭山者，与金州、蕲州味同。近年山僧尤善制茗，谓之水月茶，以院为名也，颇为吴人所贵。"

　　因水月茶的关系，水月寺又成了"水月贡茶院"。明陈继儒《太平清话》云："洞庭山小青坞出茶，唐宋入贡，下有水月寺，即贡茶院也。"

　　水月寺、小青茶之名长盛不衰，佳茗配好水，使在水月寺吃茶成为佳话。

　　水月茶之盛名，还曾引来茶圣陆羽。

　　唐大历五年（770）至大历十年的五年间，陆羽常至苏城。其间，他考察了洞庭东、西山茶事，并将洞庭山茶写入《茶经》，《八之出》一章列举天下名茶，产地中注有："苏州长洲县洞庭山。"

陆羽塑像

茶圣都来了，茶农心中自是欣喜不已，不如，造个像纪念一下吧。

明宣德八年（1433），由西山堂里村富商徐家出资，水月禅寺方丈妙潭和尚造茶圣陆羽像，立于墨佐君坛边，每年开茶前祭祀，以保佑西山茶业兴盛。

补记

南北走向的缥缈峰，绵延了二十二公里，最宽约八公里，其支脉四处延伸，峰断脉连，突起于湖中，便形成了大小高低不一、间隔远近不等的小岛，而四周重冈复岭，那大小山峰如群星拱月。站在缥缈峰顶，可以一览太湖之胜，也可俯瞰群山绵延。

　　自古以来，凡名山必有古刹。缥缈峰云雾缥缈、仙气缭绕，自然不乏古寺名刹。其南有包山禅寺、古罗汉寺，北有资庆禅寺，东有古樟寺，西则有观音园寺。

　　历史悠久、古意森森是这些古老寺院的共同特点。尽管屡经废兴，它们最终还是以出尘脱俗的姿态点缀在苍翠清丽的山坞之间，迎接着慕名而来的善男信女。寺内钟声穿透历史，缓慢而悠扬，醇厚而清越，沁人心脾，闻者无不神清气爽，豁然开朗。

　　包山禅寺，在梅益村包山坞。现在的包山寺，是1995年重修的。重修的包山寺保留了原来风貌，建筑依次为香花桥、山门殿、天王殿、大雄宝殿。

　　这座始建于六朝初的寺院，还有过很多名字，最初名为"福愿寺"。显庆元年（656），唐高宗赐名"显庆寺"。后来，唐肃宗李亨又赐名为"包山寺"，名称一直沿用至今。自唐至清数百年间，包山寺一直是江南名刹，高僧辈出。

　　唐玄宗天宝年间，高僧神皓驻锡包山寺，大兴寺院，一时僧众达千余人，成为江南第一大丛林。骚客名流慕名而至，一个雨天，皮日休来了，陆龟蒙也来了。此时的包山寺，静谧清幽，檀香袅袅，寺僧诵经之声不断。两人诗兴大发，各作《雨中游包山精舍》长诗一首。其中陆龟蒙有句"千峰残雨过，万籁清且极。此时空寂心，可以遗智识"，皮日休有句"却将尘土衣，一任瀑丝溅"，可见雨遇了山寺，便滴滴都有了禅意。

　　寺中藏经楼藏有许多经籍，其中最珍贵、最具文物价值的，是刻于明万历年间的方册本《大藏经》。后藏经楼拆除，《大藏经》移交给南京博物院保存。

　　同在缥缈峰南面的罗汉寺，是西山景区仅存的几个寺庙之一。山门正中端坐着花岗石刻的大肚弥勒佛，笑脸相迎，名曰"皆大欢喜"。罗汉堂是清代建筑，殿内供着花岗石刻释迦牟尼及童子面十六罗汉。罗汉雕琢粗放，造型朴拙，神态各异，给人以庄重淳厚之感。这种特殊的罗汉造型为国内罕见。

寺旁的两株香樟名曰"龙蟠""虎踞"，从明代站立至今，依旧苍劲挺拔，枝繁叶茂，浓荫蔽日。其中一株被古紫藤缠绕，遍体瘤疬，似云龙戏珠，称"藤樟交柯"，俗称"藤绕树"。另一株上则寄生着爬山虎，曲直相应，刚柔相益，俗称"树绕藤"。

绕着树奋力生长的古紫藤，得到了李根源的青睐。李根源游西山至罗汉寺，看到此景，认为古紫藤比拙政园的文徵明手植藤更加可爱，遂有"紫藤一柯，夭矫拿空，较拙政园文藤尤奇古可爱，罗汉松一株，亦逾千岁之物"的评述。

缥缈峰东面的古樟园里，也有两株古樟挺拔了千百年。

古樟园，原为城隍庙，俗称"双观音堂"。始建无考，因园内有千年古樟树而得名。园中两株古樟树，西樟高三十米，胸径一点四米，约一千龄，称"独威"；东樟高十五米，胸径一点一米，约五百龄，称"争雄"。两樟树交枝接叶，遮天蔽日，是全园的中心，见证着古寺的岁月沧桑。古樟之西为慈航堂，内供杨枝观音。

如今，站在缥缈峰顶，还能望见一尊巨大的观音塑像立于山坞之中，庄严而肃穆，泛着闪闪金光。这尊看似就在眼前的观音像，实则是在距离缥缈峰十八里有余的观音园寺。

"商山四皓"在这里隐居，神秘传说带给后人无限遐想；高僧大德在这里驻锡，名寺古刹盛满虔诚的信仰；文人

包
山
寺

雅士在这里盘亘，悠悠茶香和登高远眺的宽广心境完美融合。这里是西山，西山有缥缈峰，海拔不过三百三十多米，但是林木茂密，云雾缭绕，氤氲氲氲，似仙山隔云海，如霞岭连玉带。

胜境　雨花意

雨花胜境，不是京陵的那个"雨花胜景"，而是隐藏在东山古镇蜿蜒曲折的小巷后。经由雨花胜境可直达莫厘峰顶。

明代时，此处山坞中满栽桃树，每至春末，花瓣飘落，似花雨从天而降，"雨花"之名由此而来。

如今，雨花胜境前的广场上，牌楼雄伟。阳面有"雨花胜境"，两侧联曰："欲登莫厘望五湖，先上雨花观洞庭。"阴面为"逍遥自在"，两侧联曰："云雾缭绕莫厘峰，雨花山露湿人衣。"均为东山人席时珞所书。

牌楼后面，青砖铺成的山道伸向树林深处。砖是铺成"人"字形的，像指示箭头，指引着游客前行。

先看见的是满眼的鲜绿，那是草坪，柔软而宽敞。天气晴好的时候，常有小孩子仕草坪上撒欢打闹。斜坡上建有亭子，周边是常年郁郁葱葱的橘林。每到初夏，橘树开出一朵一朵白色的小花，将绿色点缀出一片清新。

草坪对面的古诗碑廊内，历代文人贤士游览东山的诗文碑刻安静而有序地陈列着。

再往前走，一座古宅赫然出现在眼前。古宅是从别处整体搬迁来的，共有三进，依次为敦睦堂、春晖堂、荣锦堂，分别再现了东山特色民

石狮

俗，值得一看。

敦睦堂中，一组抬猛将泥塑，展现的是东山猛将会的盛况。

春晖堂里，一对新人喜堂结亲。堂中双亲上坐，新郎手牵红绿千锦，正待引凤入房。右为司仪，左为喜娘。再左边是堂名，即太湖丝竹，由竹笛、胡琴、唢呐、锣鼓和笙等乐器组成，一般有六至八人表演。

荣锦堂里，东山台阁正在热闹上演，题材分别为《打渔杀家》《武松打虎》《吕布戏貂蝉》《水漫金山》。台阁，即抬在肩上的戏台，流动在大街上的戏文，起源于清代康熙年间，迄今已有三百多年历史。每只台阁均是一幕传统戏剧。东山台阁分为道具和小演员两部分，每只台阁都有创作造型，即惊险动作，民间俗称"出彩"。旧时东山有七十二个自然

村，村村都有台阁。

老宅四角亭边还有座古石雕园。园内有两狮、三羊、八"年"、十骏等，均为古石雕。三羊形象古朴、风格独特，系北宋石雕；八"年"系宋元石雕；十骏分别雕塑于明清时期，造型古朴，栩栩如生。

席温将军墓在古石雕园对面，由席家后人修建。根据将军亭中石碑记载，席温（生卒年不详）字厚君，唐代人，祖籍关东，居安定（今甘肃境内）；唐僖宗乾符（874—879）时，官至武卫上将军；广明元年（880）隐居于洞庭东山，筑宅于翠峰坞，后舍宅为翠坞寺，将军祠附于翠坞寺旁。可惜如今寺、祠具毁。席温被尊为东山席氏之始祖。

雨花禅寺在山道中段，依山势而建，枕山面湖，四周树林幽深，风光绝佳。

山坞中有清潭，每当春夏季节，江南多雨，雨水流泻成瀑布，在山坞中汇成此潭。此时山花盛开，一阵风吹来，落英缤纷，花瓣如雨，飘洒在水潭之上，煞是好看，当地人遂称之为"雨花潭"。

明万历二十七年（1599），潭上被叠石筑台，是为雨花庵，后又因庵中一直有僧人居住，得名"雨花禅院"，雨花禅寺由此而来。

庵后崖壁有泉水淙淙，常年不涸，泉水清冽甘甜，名为"萃香泉"。据说以此泉水沏碧螺春，则其色、香、味更为一绝。清代"江左三大家"之一的钱谦益静坐雨花台，看远山夕照，湖光帆影，雁飞长空，鱼翔浅底，不由得诗兴大发："拂石登台坐白云，重湖浦溆似回文。夕阳多处暮山好，秋水波时木叶闻。玄墓烟轻一点出，吴江霭重片帆分。高空却指南来雁，知是衡阳第几群。"

禅院右侧有醉墨楼，系民国九年（1920）东山叶氏子弟为纪念族人叶翰甫所建，1996年由港胞捐资还原重建。

雨花禅寺

　　"醉墨楼"三字为南通状元张謇所书，笔力雄健，酣畅流利。登楼远眺，太湖波光潋滟，群山连绵起伏，阡陌纵横，农舍散布，俨然一幅江南水乡水墨画卷。

　　经过雨花禅寺，往上走一段，眼前忽然开阔了起来，沿着大路往上，就到莫厘峰了。莫厘峰是洞庭东山的主峰，当地人称为"大尖顶"，海拔二百九十多米，与西山缥缈峰隔湖相对。

　　相传春秋时吴国名臣伍子胥在此迎母，于是山峰曾被称为"胥母峰"，后因隋朝莫厘将军驻兵峰顶，又改名"莫厘峰"。峰上留有石城墙、仙池、四方石，以及诸多明清、民国名人题咏诗篇摩崖石刻。

　　山青水碧，白云悠悠，东山的湖山胜景撩拨着文人墨客的情怀。

　　莫厘峰最高处为慈云庵，晨钟暮鼓，香烟缭绕，云雾掩映，宛如仙境。慈云庵主供观音，东山民俗每年六月十九莫厘峰"陪观音"庙会，香客云集，甚是壮观。

洞天 林屋梅

林屋洞在西山东北部，因洞内广如大厦，立石成林，顶平如屋，所以得名"林屋"，又因洞体似龙而称"龙洞"。

林屋洞一直是很有仙气的。

《仙经》记载人间有"三十六洞天"，最著名的为"十大洞天"，林屋洞为左神幽虚之天，居"十大洞天"之第九位，故又称"天下第九洞天"。

相传大禹在治理太湖洪水时，曾梦到洞庭西山林屋洞中有本"天书"，天书上记载着治理洪水的方法。正为治水头疼的大禹赶紧去林屋洞寻找，果然在一间石室中找到了这本天书。

大禹按照书上记载之法治水，开凿三江，平息了太湖水患。

后来，大禹又把天书藏入洞中。

春秋时，吴王阖闾曾派灵威丈人入洞。灵威丈人发现了石床、石枕、石砚，以及石几上的三卷素书。吴国人将素书拿去请教孔子，孔子研究考察一番后，认为这就是当年大禹治水的"石函文"。

汉代时，林屋洞被道教中人所居。随后，林屋洞"仙府"之名越来越盛。唐《吴地记》载："林屋洞天在洞庭西山，幽邃奇绝，乃真仙出洞府。"

唐宋时，这里是道教胜地，有许多道教高士隐居于此。历代帝王每年都会派遣使者至洞内举行"祭龙"等仪式，并投放金龙玉简。文人雅

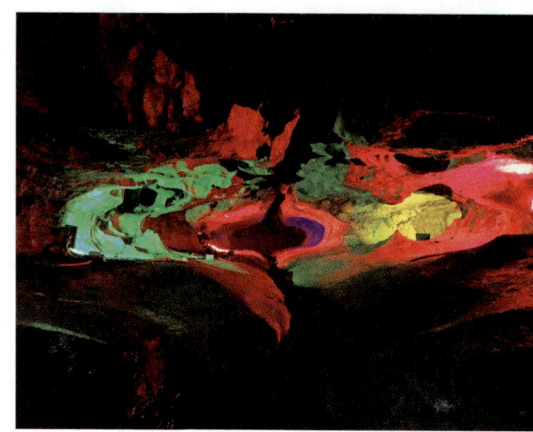

士也都到此探奇赏胜，留下了大量诗文。

皮日休斋心三日后来到洞中，发现道路曲折难行，有时须俯身贴地匍匐前进，而最让他印象深刻的是嶙峋的怪石。出洞后，他将自己在林屋洞中的经历感想，充分发挥想象力，写成《入林屋洞》，各位看官若有兴趣，不妨找来读一读。

林屋洞是石灰岩地下厅式溶洞，不同于皮日休探洞时半天只能前进数百步的情况，现在的林屋洞规划出了专供游人参观的路线，全长一千二百多米，游览面积六十多平方米。

从入口到出口依次是雨洞、隔凡洞、丙洞、旸谷洞、卧龙洞，大洞套小洞，洞洞相连，幽深曲折，变幻莫测。时而上坡，时而过桥，道路开阔时可三人并行，道路狭窄时仅容一人侧身而过，途中还会突然出现几块巨石，需钻过石洞才能继续前行。

前行过程中，你的眼睛并不会闲着。洞中景点丰富，奇石遍布，未经雕琢却形成石床、石灶、石椅、石台、佛龛等，又有石龙、石狮、石鱼、石

林屋洞是石灰岩地下厅式溶洞，幽深曲折，变幻莫测

鹰等各种动物形态,栩栩如生。

旸谷洞在出口处。

洞外石壁上有很多摩崖石刻,范成大、范至先、李弥大、赵彦权、胡缵宗、钱大昕、易顺鼎等人都有题词。其中最长的是无碍居士李弥大的《道隐园记》,石刻高一点六六米,宽一点三一米,十六行,每行二十一字,刻于南宋绍兴壬子年(1132),距今已有近九百年的历史。

出了林屋洞,还是意犹未尽。那么不妨再登上林屋山,欣赏一下湖岛风光。每当太阳落山之时,高耸雄伟的缥缈峰将夕阳余晖遮挡,致使这一带晚景早临,出现彩霞为山峰镶嵌金边的奇景。

此时村庄里炊烟袅袅,暮霭笼罩,林屋山沉浸于烟海云雾之中,烟云飘浮,人在其中,真有腾云驾雾之感。

这就是号称"西山八景"之一的林屋晚烟。

驾浮阁是座仿古阁楼,高约二十四米,戗角飞檐,红栏赤柱,气势宏伟,这是根据李弥大《道隐园记》记述的驾浮亭重新设计建造而成的。

当年，李弥大因喜爱西山梅花，晚年卜居于此，自号"无碍居士"，筑起道隐园，并在山巅筑驾浮亭。

如今驾浮阁依然是西山赏梅的最佳去处。梅花开放时节，凭栏俯瞰，万亩梅花，竞相怒放，梅香氤氲，俨然雪海香国。

西山梅林种植由来已久，花以白萼为主，间有红萼、绿萼等名贵品种，旧有"鸡笼梅雪"之称，与光福邓尉山同为太湖赏梅胜地。待到二三月间再来林屋洞看看吧，梅花盛开之时，又是一番动人景象。

高奇 石公趣

西山岛的东南隅，有一座青石山。山三面环水、斗突湖中的格局，恰似"白银盘中一青螺"。

这座山，因山前有状若老翁的巨石而得名"石公山"。

至少在明代时，石公山就已经因其怪石而闻名了。明朝万历年间进士袁宏道说洞庭西山"高为缥缈，怪为石公，丹梯翠屏，此石之胜也"。

清朝文人沈盼游西山，到过石公山后，表示十分赞同："太湖七十二峰，名者八九。包山之胜数十，石公最著名。"

石公山不高，海拔仅五十来米，但是山上怪石嶙峋，洞穴众多，美景天成。归云洞、一线天、夕光洞、云梯、明月坡都是游览石公山必到之处。

归云洞坐北朝南，面向太湖，洞内宽敞，俨然一座天然的佛龛，洞中供有佛像。明人严澂（号天池）所书"归云洞"三字道劲有力。旧时洞口有奇石垂挂，如彩云方归，归云之名由此而来。

一线天在石公山中部南坡，又称"剑楼""风弄""风弄穿云涧"。不论哪个名字，都在形象地告诉我们一线天之险绝。乍一看，仿佛一块巨石被大斧垂直劈出了一条缝隙，仅容一人上下，有体型较大者来到一线天前，甚至会担心自己无法通过。

一线天直通山顶，狭窄且陡峭，上山的石阶几乎垂直，需手脚并用才能登顶。石阶有五十三级，取佛教"五十三参，参参见佛"之意。

夕光洞位于石公山的东部，同样面朝太湖。洞顶部有两条裂隙。其中一条呈东西方向，每当太阳西卜时，阳光透过树隙照到洞里，色彩浓淡有致、耀耀生辉，故名"夕光洞"。洞外一块平面石壁上刻有一个大大的"寿"字，为王鏊手书，浑厚遒劲，气势磅礴。

夕光洞最适合观赏石公山的夕阳美景。沈璟在夕光洞观看落日后，深深沉醉其中，待反应过来，已经月上东山，赶紧写诗记录："天光射水水射天，万象摇动群峰前。日车似避水伯怒，欲落不落空中悬。金波百道流血鲜，上下两镜断欲连。转瞬两镜成一镜，阳乌轩翥金雅联。云霞红

紫态万千，暝色忽销苍苍烟。黯惨休嗟景不延，回头月出东山巅。"

明月坡是整块的巨大灰黑颜色大理石板，表面光滑如磨，南高北低，倾斜入湖。清人沈彤说明月坡"广容数百人，月夜可啸歌其上"。

很多时候，游览石公山，你会觉得自己是在逛一座精心布置的苏式园林，而非一座山。因为这里不仅树木丰茂、岩石奇秀，而且亭台楼阁高低错落，轩榭廊桥疏密有致。

山门口，就能看到橘树蔚然成林。橘花开时，满树碎银碾玉，清香扑鼻；橘子成熟时，万绿丛中丹红点点，馥香氤氲，橘香亭因此得名。

御墨亭正对归云洞，因亭内置有顺治皇帝的"敬佛"碑而得名。

烟雨山房设有海灯法师资料图片陈列室，室外复原了海灯法师隐居练功时的梅花桩等。由名称可知，烟雨山房是欣赏太湖雨景的绝佳之处。除此之外，湖天一览小榭、断山亭、来鹤亭都是欣赏太湖美景的好去处。

湖天一览小榭临水而筑，凭栏远眺，碧波万顷，湖光山色，一览无遗。断山亭呈四方形，玲珑轩朗，因立于断岩处而得名。人在亭中，近山远水，尽收眼底。

断岩上的另一个亭子就是来鹤亭。来鹤亭得名于一个传说。相传建亭时，有鹤从杭州西湖的放鹤亭飞来，见此处青山绿水，流连忘返，故名"来鹤亭"。亭子翼然凌空，立于崖壁之上，其下峭壁宽数十米，高二十余米，如刀斩斧劈，气势不凡。在亭中眺望太湖，水阔天高，碧波粼粼。

奇峰、奇石、奇洞、奇景构成了石公胜境，日月双照的奇观，更为石公山增添了无限魅力。每年农历九月十三傍晚，在落照台可以看到日落水面、月升湖上、日月对照的景象，霞光月光交相辉映。

看过奇峰，品过奇石，探过奇洞，赏过奇景，再遇过奇观，石公山之行也就圆满了。

如缥缈之西，有塔头山、冯王山，又西至绮里，有扇子山、木壁峰，蜿蜒而至

慈里湾，陡起高峰曰霄峰。峰之北为华山，萦青缭白，忽断忽续，又有形如牛者，曰

牛场山。牛场之西为角头、雷头、龟头、龙舌、西昂、寿山、小步诸山，皆由华山发

脉，迤逦至大步山而止。

缥缈之东，有重冈回抱者曰包山、钻云峰，父子山峙其前，北望而至崦里，椒

山、中腰山、栖贤山在其东，东石、西石峙其北。崦里东去五里为渡渚、老鹳渚、鸿

鹤、黄渡、唐介、乌峰；再东禹期、囷山诸峰，直至鼋山焉。鼋山又与石公南北离

立。石公之北更有淀紫山、屏风山；石公之西更有梭山、黄家山，而包山之东南，即

石公之西北，为大萧、小萧、一博、鸡笼、天帝坛诸山焉。其环绕于前为众山之宗者

曰洞山。

林屋民风·洞庭七十二峰

清·王维德

洞庭七十二峰，非我其谁志之，峰之最高者曰缥缈，群山环拱，俨若植璧秉圭。践其巅，三万六千顷之胜，可以府而有也。

缥缈峰之南，紫云峰、万羊岗，入圻村为大龙、小龙；龙山之阳有石广二十余步，七十二峰具焉，曰小洞庭。紫云峰折而东五里为飞仙、五峰、上方、下方、罗汉诸山；其南接壤于缫车、白莭、庙山，以入南湖，与大龙、小龙二山相峙，会脉于消夏湾焉。

缥缈之北，有扶舆磅礴独当西湖一面者，西湖山也。其巅有池，溶漾纤余，不过数武，而大潦不溢，大旱不涸，湖之波浪欲兴，池先为之兆，故谓之曰小西湖。其山与东湖山对峙，而两山之间有曰涵峰。南去则秘心山、凌云峰，而至蛇头山，东去则东湾山、南阳山，而至夹墩，界接迤于天王山、贝锦峰、凤凰、苦竹、七贤、张家、金铎、梓塘诸峰，重山叠嶂，缭绕盘旋于东村，不可具状。

伍

如是我闻

— 千年古刹梵音

　　名山胜地，多有山寺，这是不足为奇的。姑苏城内城外，还有许多的古刹，不仅是信众的香火处，也是名城胜景，承载了无数的诗词歌咏和历史传奇，甚至成为我们文化基因的一部分。寒山寺的钟声在人们心中回荡了一个个同样难眠的秋夜；报恩塔的高度，则是苏州古城区的建筑限高标准；西园寺里明代放生的斑鳖本身就是一个奇迹……走进古寺，我们寻找的，不仅有古人故事，还有我们自己。

因果 寒山钟

　　秋夜霜花满天，耳边阵阵乌啼，孤舟太过凄清，披衣而起的张继看着夜色中的渔火明明灭灭。忽而钟声响了，穿过寺墙，越过水面，一声一声撞入这个失意失眠人耳内。

　　四行诗句蓦然跃上心头。

　　月落乌啼霜满天，江枫渔火对愁眠。

　　姑苏城外寒山寺，夜半钟声到客船。

　　因为这首诗，寒山寺红了。

　　烟雨中，文徵明也曾慕名到过此地，看着满目丹枫如火，遥想当年张继在点点渔火中唯伴清月与乌啼，这该是怎样的寂寥？他不由得长叹一声，留下了一首《姑苏十景册·枫桥》，向几百年前的张继隔空呼喊：

　　金阊西来带寒渚，策篸丹枫堕烟雨。

　　渔火青荧泊棹时，客星寂寞闻钟处。

　　水明人静江城孤，依然落月啼霜乌。

　　荒凉古寺烟迷芜，张继诗篇今有无？

　　寒山寺应当感谢张继的失意和这次失眠，若非他失意后的千头万绪，这诗恐怕终其一生都无法写出，若是没了这首诗，这寺也不知又该苦熬多少年。

此之不幸，彼之大幸。

如此传奇，也应了佛家的那两个字：因果。

于是枫桥为张继建了一座铜像，让他倚卧在河边，恰暗合了他在船上聆听钟声的姿态。据说从这铜像稍稍往北，便是当年张继夜泊处。如此，张继便在枫桥上，注视着人来人往，与枫桥一起看着这个被他捧红的地方，他总是与枫桥、与寒山寺同在了。

被张继捧红的这座古寺建于南朝，它本不叫寒山，因了唐朝高僧寒山、拾得曾到过这里，所以改名为"寒山寺"。

从彼时到此时，它多次置身于战火：元末，曾被毁去寺塔；清朝，殿堂楼阁又在炮火中荡为尘埃。

改朝换代的战乱将多少建筑化为断壁残垣，而寒山寺却在朝代更迭中不断修复重建，傲然立于枫桥之旁，香火不断。

熬得过默默无闻的寂寞岁月，经得起战乱纷飞的危险时期，如今，寒山寺以焕然一新的姿态稳稳筑于大运河畔，将自己修炼成了一座举世皆知的名刹。

闻钟

宣统三年（1911）中秋前夕，范烟桥随他的老师夜游枫桥。两人来到寒山寺前，叩响了山门。当时已入夜，万籁俱无声，绝少有游人夜游至此。那时时局已初显动荡，上海闹着罢工，江苏又发水灾，尽管苏州尚未波及，但早已人心惶惶。寺内僧人听得入夜叩门声，都惊疑不定，只恐外面的动荡卷入寺内。

但有客前来不能不接，僧人小心翼翼地询问来访者，范烟桥报了姓名，说久闻寒山钟声大名，特与老师前来一听。

僧人一颗悬着的心终于放下，开山门让他们进了钟楼。

范烟桥撞钟数下，钟声隆隆，在寂寂夜间回荡。明明钟声打破了夜晚的沉寂，可是范烟桥觉得内心更加安宁了。

这大概就是寒山寺钟声中的禅意。

这口钟高约一点三米，重约两吨，悬于一座双层六角重檐式钟楼内。只是光阴荏苒，悬于这里的大钟再也不是当年张继所听的那个。这是一口仿唐制的钟，在光绪年间由江苏巡抚陈夔龙督造。

钟楼楼底中央，有一座《重修寒山寺记》石碑，看来就连钟楼也不是当年的钟楼了。

夜半钟声，总引得人多方遐想，千百年来也不知多少文人对它魂牵梦萦。

寒山寺古钟

当时的文人们争读张继的"夜半钟声到客船"一句，竟还就这句诗的真实性争论了起来。北宋文坛一哥欧阳修说道："这句诗虽然妙，但三更不是撞钟时。"到了南宋时期，范成大看见欧阳修的质疑，在《吴郡志》中谨慎地反驳："欧阳修没有到过吴中，其实吴中的僧人的确有半夜敲钟的习惯，有人称之为'定夜钟'。"

子时敲钟意味着过去的一天结束，新的一天到来。那时的僧人的确有这样的习惯，以至于《南史》这样记载："读书常以中宵钟鸣为恨。"

不仅如此，白居易和温庭筠都为这半夜钟声赋过诗。

新秋松影下，半夜钟声后。（白居易）

悠悠旅榜频回首，无复松窗半夜钟。（温庭筠）

如此证据确凿，这场文坛上的争论才渐渐平息。

如今善男信女们慕名而来，在十二月底夜半的寒风中守在巨钟之旁，静静等待僧人将这口钟敲响。时钟的指针慢慢指到了十二点整，子夜钟声在冬夜里轰然长鸣。这不仅是新的一天的开始，更是新的一年的开始。这一百零八声的钟鸣意味着去除芸芸众生一百零八种烦恼，可谓是"闻钟声，烦恼清，智慧长，菩提生"。

但寒山寺最有名的钟不是钟楼里的一口，而是钟苑梵音阁中的那口巨钟。与钟楼一样，梵音阁也是六角形重檐阁楼，但它高达三层，就是为了容纳"天下第一佛钟"。这口钟高八点五八八米，最大直径为五点一八八米，重达一百零八吨，钟面上密密刻着《大乘妙法莲华经》，洋洋洒洒有七万零九十四个字，无愧于"天下第一佛钟"的美名。

沿着梵音阁的楼梯层层上爬，在三楼俯视巨钟，更觉无比震撼。钟悬于楼上，贯穿三层，时而被游客敲出阵阵轰鸣，低沉的回响盘旋在整个梵音阁里，耳边当真有了阵阵梵音。

碑林

出了寒山寺钟楼，可以看见"中华第一诗碑"。

诗碑很显眼，一片空阔的广场上只有它高高矗立着，远远望去，好似高耸于蓝天之中。碑额上九龙缠绕，碑身上祥纹环绕，共有二十八条蛟龙。大碑立于水台之上，好似就是对应了当年张继漂泊于水面上写下的《枫桥夜泊》。因此它的正面便有俞樾所镌刻的《枫桥夜泊》。

一座诗碑可冠名"中华第一"，不仅是因为它总高十六点九米，也不是因为它重达三百九十吨。高度与重量无法承担"第一"的美名。这样的称号，源自它身上承载的文化厚度是其他诗碑所无法比拟的。

中华泱泱大国，诗歌不计其数，诗碑也不胜枚举，然而《枫桥夜泊》是史载最早的诗碑。当年的文人士大夫不仅争相阅读《枫桥夜泊》，而且争相将它刻成诗碑，光是碑刻书写者便能列出许多名人来：王圭、文徵明、俞樾、张继、刘海粟、启功、李大钊、陈云……它竟成了一条贯穿古今的脉络，延续着寒山寺与张继之间看不见的红线。

大碑的背面刻有乾隆御笔抄下的《般若波罗蜜多心经》，共二百八十九个字，也正与诗碑上雕着的龙相对应。

寒山寺不止这一块大碑，还有一条长长的碑廊，宋朝以来的名人雅士在此处借着自己留下的手笔汇聚在一起。

当年被十二道金牌召回临安的岳飞，途经寒山寺时挥笔写下了一副对联：

三声马蹀阏氏血，五伐旗枭克汗头。

十二道金牌使岳飞的抗金事业功亏一篑。他回到临安后，昔年收复的失地又迅速被金人夺去，南宋小朝廷岌岌可危。想来岳飞在归途中应是悲愤异常，但皇命不可违，他只能挥笔写下心中所愿，即便知道这份愿望恐怕是难以达成了。

七百多年后，康有为来到了寒山寺。游览途中，他听说古钟流落日本，现存寒山寺的已不是唐朝的那一幢钟了；他又听说，浪人还觊觎元朝高僧释善继用刺指之血写成的《法华经》，顿时胸中愤慨，提笔写下

了一首诗：

> 钟声已渡海云东，冷尽寒山古寺风。
>
> 勿使丰干又饶舌，他人再到不空空。

这首诗也被刻到了碑廊之中，碑石右上角还有一方闲章：

> 维新百日，出亡十四年，三周大地，游遍四洲，经三十一国，行四十万里。

短短二十七个字，概括了康有为的一生。那时戊戌变法虽过去多时，但看来那一百日的热闹已成为他心中的朱砂痣，再也抹不去了。

碑廊林立的数十块石碑承载着那数十人的喜怒哀乐，一步一人，一首诗便是一个故事，将古往今来的韵味全部都融入其中了。

观殿

大雄宝殿是寒山寺的正殿。

大殿高十二点五米，单檐歇山顶，四周的栏杆是汉白玉制的，上面雕有含苞的莲花做装饰，栏杆又以莲花为托，想必就是莲花宝座的意思。殿内照例供奉的是释迦牟尼佛。

寒山寺的释迦牟尼佛像是金身，其须弥座为汉白玉雕成，洁白晶莹，一尘不染。

在这座庄严大佛像面前，好像尘世的嘈杂真的从身边散去，心中一片静谧，俯身叩拜时便能暂时忘却烦恼。在殿内双手合十，怀着对佛的敬仰，脑中不由自主地浮现出一首诗：

> 菩提本无树，明镜亦非台。
>
> 本来无一物，何处惹尘埃？

从释迦牟尼佛前走过，顺时针转过鎏金十八罗汉像，来到佛祖的背后。不同于其他寺庙的《海岛观音图》，寒山寺佛祖的背面供奉的是石刻

《寒山拾得图》。

图上寒山、拾得二位高僧袒胸露乳、披头散发，全然一副世外人的模样。寒山右手指地，谈笑风生；拾得在一旁微笑聆听。

这幅画乃"扬州八怪"之一罗聘所作。罗聘的佛像画向来以"奇而不诡于正，真高流逸墨"而著称，这幅画可以说把他的作画特点显露得淋漓尽致了。

说起寒山寺，自然是撇不开寒山、拾得二位高僧的。因为高僧寒山子在此留宿，这座寺庙才得"寒山"之名。寒山子和拾得是好友，为了纪念他们，寒山寺中建有寒拾殿。

寒拾殿有两块匾额，一为藏经楼，一为寒拾殿。有趣的是，它的屋顶上有一组唐僧师徒四人和白龙马的雕饰，唐僧双手合十，孙悟空手提金箍棒，猪八戒肩扛钉耙，沙僧挑着经箱，四人一马皆踏着祥云，俨然一副西天取经归来的模样。

寒山寺特意将取经回来的师徒四人雕于藏经楼之上，可谓是寓意隽永。

寒山寺内有一块双面照壁，上书"塔影、钟声、诗韵"，可谓把寒山寺的神韵全部囊括了。塔影里有寒山、拾得的足迹，钟声是张继所听的钟声，诗韵穿越了千年历史，把寒山寺从唐朝"照"到了今天。

寺外的枫桥，寒山、拾得走过，寺内僧人走过，如今的游客也走过。

寺内的石板路，乾隆皇帝走过，文徵明走过，如今芸芸众生也在行走。兴许高僧们所发生的某一次深刻对话，文

寒山寺冬景

人们所写下的流传千古的名句，就发生在某一处普通的路面上。

祈福的钟声穿越古今，可是人们所许下的美好姻缘、幸福家庭的愿望是不分古今的。

一自钟声响清夜，几人同梦不同尘。

纯孝　报恩塔

　　孙坚战死的时候，他的长子孙策只有十七岁，次子孙权只有十岁，剩下的儿女更是年幼。失去父亲庇佑的孩子们全靠他们的母亲吴夫人抚养。所幸孙策一直记着为父报仇，一口气憋在嗓子里，两年后便小有威名，二十岁时讨回了当年父亲战死时四散的千人旧部，二十五岁时打败了杀父仇人。

　　建安五年（200），也就是孙坚去世的第十个年头，孙策平定了江东，正是人生最鼎盛的时候。吴夫人本以为自己可以就此颐养天年，然而在同一年，孙策遇刺身亡，当时的孙权只有十九岁。

　　虽然孙策崭露头角之时也只有二十岁，但二十岁的孙权不似他哥哥般英武。他哥哥临死时对他说："率领江东兵众，决战两阵之间，横行争衡天下，你不如我。"吴大人正是担心此事，便召集孙策旧臣，问东吴是否可以保全。得到肯定的回答后她才放下心来，专心辅佐孙权。

　　建安七年（202），曹操击破袁绍，正是全盛时期。志得意满的他写信给孙权，让他把自己的儿子送来做人质。孙权召集群臣商议此事，群臣忌惮曹操威名，都犹豫不决。孙权也一时难以定夺，便与周瑜一道去见吴夫人，求自己的母亲能出一个主意。

　　周瑜向二人陈述利害，坚持不能送去人质，吴夫人听后十分赞同，

孙权这才没把自己的儿子送往曹操处。当时，吴夫人已看出周瑜胸有大略，又预感到自己时日无多，恐日后再无法替孙权出谋划策，便吩咐他把周瑜当作自己的长兄看待。

中华浩浩五千年历史，垂帘听政的太后虽多，但像吴夫人一般，将保全江山放在思虑首位的实属少数。可以说如果没有吴夫人，就没有江东鼎盛的那近百年时光。

孙策尚在人世之时，年轻气盛，过多的捷报冲昏了他的头脑。当时他有个功曹叫魏腾，为人刚正不阿，从不唯长官的意志行事。有一次，他办事时拂了孙策的意，孙策勃然大怒，想杀他而后快。吴夫人知道后，站在一口大井旁，说江南刚被拿下不久，大业还没有完全成功，应当礼贤下士。何况魏腾并没有错，只不过冲撞了主上，如果为了区区此事杀他，日后众人都会背叛。

见孙策怒气还未完全消退，吴夫人望着身边的井说："你连我的话都不听了？如果你仍一意孤行要杀死魏腾，我就从这里跳下去，免得日后看见你众叛亲离，数年努力毁于一旦。"孙策大惊失色，自然不会任由自己的母亲投井自尽，只能放了魏腾。

孙策平定吴郡、会稽郡，大杀名士时，幸而有吴夫人多方劝阻，才让他停止了这一疯狂的行为，东吴才得以留有诸多英雄豪杰。

没有吴夫人，也就没有"小霸王"孙策，更没有建立吴国的孙权。因此在赤乌年间，孙权为感念母恩，在吴夫人的故居建造了报恩寺，以示知恩报恩。虽然当时吴夫人已去世多年，但她多年含辛茹苦的抚育、辅佐之恩，一直浸润在孙权的心里。

兴废

近代诗人金天翮来到报恩寺，望着这九层高塔隐于树荫之中，胸中不免豪气干云，登上塔顶俯视这大千世界，整个姑苏城尽收眼底，他不禁拍栏高吟：

十万楼台影，分明脚底看。

只身凌绝顶，孤塔耸云端。

大野回春色，重城锁暮寒。

江山无霸气，高唱拍阑干。

塔极高，有七十六米，比"世界第一木塔"释迦塔还高出了近九米，不愧为"吴中第一古刹"。这座九层高塔一共有八面，八角飞檐下各挂了一个铃铛，"丁零丁零"的声音随风入耳，煞是好听。

这座塔便是报恩寺最重要的建筑——报恩万岁塔。站在塔前，可以看见写于塔门两侧的一副对联："不负胜地有奇景，且邀明月登九层。"塔的底层供奉着七尊佛像，每一尊佛像的神态都各不相同。因为塔有八面，所以每一面都有一尊佛像，第八面是塔门。据说顺时针绕塔走上三圈能够祈福，这也许是善男信女虔诚供佛的美好愿望吧。

古刹总是会历经万千磨难，仿佛只有经过数次的涅槃才能修成正果，供世人瞻仰。

报恩万岁塔建于三国时期，最原始的样子早已在战火中被毁去。到了南朝，僧人正慧和尚重建了它，并且增高至十一层，但塔又很快在战争中被焚毁。到了北宋，又被重建为九层。

报恩寺在北宋重建之后，许多文人士大夫都捐赠了高僧的舍利子，以表自己虔诚之心。苏轼虽然信佛，且与许多高僧有往来，但在报恩寺重建之后，他根本没有收藏的舍利子可捐，于是便捐了一只铜龟，来装众人捐赠的舍利子，并在《舍铜龟子文》里写道："余无舍利可舍，独舍盛舍利者。"

南宋建炎四年（1130），金兵南侵，塔和寺又一同毁于铁骑之下，二十三年之后才得以重建。

明朝时高塔又被天雷击中，一时火光四起，一夜之间宝塔连同大殿一起被焚毁去。

到了清朝，几经战火，这里又被打为一片废墟，直到清末才得以重修，但塔身已面目全非了。

盛极而衰，否极泰来，报恩寺塔的一次次兴废恰对应了一个个时代的盛衰。而如今，它已通过了千年战火的考验，立于绿荫之中，好似一个沧桑老者，看着一代又一代的游人在这里留下点点滴滴的痕迹。

盛世滋生图

报恩塔的东侧有一条长廊，长廊的墙壁上挂着一幅漆雕《盛世滋生图》。这幅巨型漆雕长三十二米，高两米，再现了乾隆盛世的姑苏繁华。

这一幅长卷的原作者是苏州籍宫廷画师徐扬，他用了二十四年的时间，将苏州"商贾辐辏，百货骈阗"的市井风情绘于纸上，而后进献给了乾隆皇帝。

乾隆皇帝对江南的喜爱程度从他六次南巡中可见一斑，他见了这幅画自然大加赞赏。到了晚年时，他依然常在书房里把这幅画拿出来反复欣赏，并在画上足足敲了十二方印章，足见他对这幅长卷的喜爱之情。

这幅画从灵岩山起，至虎丘止，行笔路经木渎镇、横山、石湖、上方

山、胥江、盘门、阊门、山塘街，连绵数十里的湖光山色、人文风情，全部浓缩于此。

第一景是灵岩山。山前村庄里男耕女织，路上商贩挑担，行人熙熙攘攘，不绝如缕，意趣盎然。过了村庄，方是灵岩山秀美风光。山道上的一棵红叶树木旁，似有文人在此雅集，还有轿夫、佣者在旁等候，寥寥一景便绘出了当时灵岩山的盛景。

第二景是木渎。画中尽是高墙大院，似是有官宦人家居于此地。房屋错落有致，足见它当时的繁华，不愧为吴邑首镇。

第三景是石湖。有渔人背着鱼篓立于桥上，鱼竿垂于水面，应是在此处钓鱼。桥边，农夫们耕地播种，桥后又有村民挑水、休憩。在这里，风景不再是单纯的风景，而是苏州百姓的寻常生活。

第四景是胥江。江河在此处汇聚，有游人坐船于此，仿佛在饮酒赋诗，岸上又有牧童牵牛而行。江上更为热闹，百舸争流，胥江当年的繁盛全然都在画上了。

第五景是阊门。画中古树林立，居民们挑担外出，北寺塔在远处清

晰可见。

第六景是山塘街。七里山塘七里船，山塘河里四处都是撑船的船夫，山塘街上绿树掩映，楼台处处，人来人往，可见这一条古街在那时就很热闹了。

第七景是虎丘。水中船只在此汇集，姑苏卷的终点便是此处了。

画中涵盖了往来行人一万两千多个，湖上舟楫近四百叶，各式桥梁五十多座，甚至还有二百三十多家可以辨认的店家。若是对苏州历史文献有所了解，对照着画面，兴许还能找到关于史料的一些线索。

作者是土生土长的苏州人，无疑是了解苏州的，这幅长卷浸染了他对苏州最浓烈的感情。

站在这幅画前，从灵岩山一直走向虎丘，仿佛能听见往来渔樵互相呼喊，河中阵阵摇橹声，俨然置身于数百年前的古苏州之中，旧时繁华赫然就在眼前。

无怪乾隆晚年会不断地观赏这幅巨作，他全然是把对苏州的相思寄托于这幅画中了。他六次南巡时曾有两次来到报恩寺，一则赐匾额、楹联，二则收诗册，可见他对此地的眷恋。

如今这幅巨型漆雕被玻璃罩着挂在北寺塔中，玻璃中映着实景，与玻璃里的画作可谓是实虚相生，看得久了，觉得周围的景色也融在了画里，越来越分不清孰实孰虚。

暗香浮

与其他寺庙不同，报恩寺的弥勒佛像是露天而建。佛像背靠假山，脚踏一丛灌木，即便在室外日晒雨淋，脸上依然咧嘴大笑，憨态可掬。

弥勒佛的背后照例是韦陀，右手扶着韦陀杵，杵尖着地。韦陀杵的拿法并非随意塑成，每一种拿法都有它的含义。若是看见韦陀将韦陀杵扛于肩上，那么表明这座寺庙欢迎五湖四海、芸芸众生在此住宿，是个大寺庙；若是平端在手中，则表示寺庙可以投宿，但只能短期；若是韦陀杵立于地上，表明这只是个小寺庙，云游和尚不能在此借宿。

云游的僧人们入寺后只消看一眼韦陀杵的位置，便知自己能否在此落脚休息了。

报恩寺的东边有一座小园，园子俨然就是苏州园林的缩影，桥、水、亭、榭一应俱全。

水是姑苏园子的灵魂，这里也是如此。一汪碧水贯穿了整个园子，曲曲弯弯，从亭下流过，蜿蜒至桥下，又从假山下流走了。水中养着鲜红

的鲤鱼，红影浮在绿水中，相映成趣。坐在水榭中斜倚栏杆，好像回到了姑苏旧时的梦里。

假山上有亭，亭里有三五闲人在闲聊，亭外游人在学习打太极拳，偶尔有几只猫从行人脚边窜过，丛丛青草被带得摇晃起来。

园里有一座茶室，走得累了可进去喝茶。翠色茶叶在沸水中上下翻滚，临了茶室的窗户往外看去，假山、池塘、井、猫、人尽收眼底。一杯茶润入喉中，便是那半日闲散时光。

走出园子，可以看到一座观音殿，殿外有一副楹联："净域宏开登福地，慈航普度出迷津。"横批是"一尘不染"。这座观音殿便是不染尘观音殿。殿内的观音像虽高数丈，但是重量与其他佛像相比较轻，因为塑造这座佛像时使用的是脱沙法——工匠们将布袋缝成人形，在里面灌满沙子，而后在布袋之外塑像。塑完之后将沙子取出，便是一座便于搬运

报恩寺东部小园

的佛像了。

明朝文学家杨循吉来到此处，看到这尊用脱沙法塑成的佛像，忍不住提笔写道："按殿故有也。旧菩萨像以七宝末和泥而成，端严妙丽，飞尘不集其上，故称不染尘观音。"

佛家七宝为金、银、琉璃、砗磲、玛瑙、琥珀、珊瑚，佛家似也讲究一个"净"字，身净与心净同样重要，才会有"本来无一物，何处惹尘埃"的禅诗流传千古。观音以七宝为像，仿佛真能在莲花台上不染世间尘埃。

在北寺塔的中轴线上有一座七佛宝殿，它的屋脊上塑有双龙戏珠，是一幢殿宇式建筑。

七佛宝殿自然供了七尊佛像，七佛皆坐于宝座上，双目轻阖，神态安详。这些佛像均用香樟木雕刻，然后塑以金身。

七佛的背后为《西方接引图》，还供奉着文殊、普贤、观世音、大势至、地藏王五大菩萨的圣像。

张士诚记功碑

当年张士诚在苏州称王的时候，大概沈万三也没有想到他最后会败北。毕竟张士诚那时盛极一时，全然一副即将称雄称霸的模样，为了自己的前途，沈万三为他建了一块"张士诚记功碑"。

这块碑高三点零六米，宽一点四六米，厚零点四米，全碑共有人物一百一十八人，在当时可以称得上是大手笔了。

这块碑上刻的是张士诚宴请元使伯颜的场面，从上到下可以分为四个部分。

第一部分有十二人立于祥云之上，人人器宇轩昂。

第二部分雕了一座大殿，是重檐歇山顶的样式，殿上军旗四立，煞

是威风。大殿分了三间，正中坐着三人，最中间那人自然是张士诚，张士诚的左右两边应是他的大臣。侧间左右各两人，都穿了胡服，应是元朝来的使臣。

　　第三部分也是一座宫殿，只是制式比第二部分简单许多，左右各坐了三人，都穿了胡服。正中是一条通往正殿的道路，两名胡服侍者正在进宝。

　　第四部分是众武士牵马持旌。

　　这块碑的主题明明是宴请元使伯颜，但奇怪的是，整个浮雕上却不见伯颜，只有张士诚坐在最中心的位置，似乎是有意弱化元朝使臣的地位。这样的座位安排，在外交礼仪上是大大的不敬。更何况当时张士诚

张士诚记功碑

又被元朝招安，更不可能对元使居高临下。

如此看来，这全然是沈万三的拍马屁之作，目的就是显示张士诚的王者之风。

只是人算不如天算，后来张士诚败给了朱元璋。

朱元璋本就是多疑之人，看见这块记功碑很是不满，问沈万三为何独独为张士诚立碑。沈万三冷汗直下，情急之中说，他立这块碑是为了让百姓们拜的，"拜碑拜碑"便是"败北败北"。虽知这是沈万三急中生智胡诌的，但朱元璋听来甚是受用，便不再与沈万三计较了。只是碑上原来刻的歌功颂德之言被削平，如今只剩下了宴请时的画面。

也许这件事成了沈万三心头挥之不去的阴影，日日想来都觉心虚，才会在之后拼命地讨好朱元璋，以致最后犒赏三军，马屁拍过了头，丢了自己在苏州的根基。

而这块碑也被当地百姓称为"马屁碑"。

北塔报恩寺作为苏州历史最久远的寺庙，见证了苏州一千七百多年的荣辱兴衰，北塔梵音，有清韵，有真蕴，成了文人墨客心驰神往的地方。清释大珉《雨后登塔》一诗赞曰：

魏然一塔逼云寒，绝顶登临眼界宽。

浅浅湖山归眼底，参差楼阁出林端。

烟开宝座瞻毫相，风动金铃响画栏。

最是雨余幽思远，绿茵遍野草漫漫。

古刹总以幽谧动人，如今的北塔报恩寺却敞开大门，迎接善男信女入寺聆听僧人讲佛，见大千世界，芸芸众生。

也许这千年的繁华凋敝在它眼里，不过是一花一叶的开落而已。

西园寺天王殿

修心 西园池

张居正推行新政时，万历皇帝是支持他的。只是这新政使得官员少了许多可捞的油水，又减了不少清职，让许多白吃皇粮的官员丢了乌纱帽。在位十年，张居正积劳成疾，劳瘁而死。

受新政影响的官员熬了十年，终于熬到了这一天。在张居正逝世的第四天，言官们便开始联名弹劾张居正提拔的官员，而万历皇帝听了言官的话，罢免了他们所弹劾的那人的职位。言官们旗开得胜，乘胜追击，又将矛头对准了尸骨未寒的张居正。

此时受张居正提拔的申时行被推上了首辅之位，徐泰时在申时行身边工作的数年里，亲眼看到了万历皇帝下令抄张居正的家。

张居正在时，皇帝对他百依百顺，极度依赖，甚至不让他回家服丧；张居正死后，皇帝为了收回皇权，竟在朝中官员的撺掇下容不下他了。

徐泰时不解，问申时行："张居正的新政不对吗？"

申时行回答："新政对国家有利，而对两万官僚不利。"

此后数年，申时行在皇帝与朝臣之间斡旋，但伴君如伴虎，无论如何小心谨慎，还是祸及自身，申时行不得已告老还乡。在复杂的官员内斗中，徐泰时也"回籍听勘"了。

万历皇帝万万没有料到，申时行走后，朝中两万官僚的目标竟会转

移到自己身上。朝中大臣对他口诛笔伐，让他反省自己的所作所为为何与开国皇帝的政策相悖。原来此时明朝已沦落到了朝中没有皇帝，只有两万官僚的境地。

　　以前官僚们攻击申时行，只是因为申时行会拦在皇帝前面。如今申时行走了，皇帝身前没有了人，两万官僚的矛头便直接对准了皇帝本人。万历皇帝后悔莫及，屡次想召申时行回京，却已经迟了。申时行在苏州过完八十大寿便去世了。

　　五年后，万历皇帝在追悔中驾鹤西去。只是他不知道，因为他的多疑，苏州多了一个园林。

　　申时行对徐泰时无疑有巨大恩典，徐家和申时行关系密切。徐泰时回到苏州，造了座东园（即今留园），又将西边一个衰败的寺庙改成了宅园，为它取名"西园"。徐泰时去世后，他的儿子徐溶又将西园恢复成了寺庙，改名为"戒幢律寺"，戒是戒规，防非止恶。自那以后，经过历代住持的努力，西园寺成了江南一大名刹，法会盛极一时。

自建寺以来，西园寺与众多古刹一样一度历经磨难、屡经战火。如今，我们所看见的建筑是清朝时重修的。

心不静时，便适合去寺庙走走。

还未入寺，远远便能看见一块写着"戒幢律寺"的照壁，照壁的另一面写的是"自觉觉他"。"自觉"的意思是觉悟人生，"觉他"的意思是奉献人生。这是两种不同的境界，"自觉"的人是罗汉，"觉他"的人是

西园寺大门

菩萨，"自觉觉他"的便是佛了。

照壁后有两座白色大理石砌成的桥，分别名为"福德""智慧"。传说佛陀是福德与智慧双圆满者，而芸芸众生成就事业与获得幸福人生也都离不开这两大要素。以此命名双桥，旨在祝福每一位登桥的善男信女能福慧双增。

走过双桥就是寺门了。

寺庙虽小，但无疑仍得到了苏州人的敬重。入寺处有领香处，游人可在此领取三支清香，在殿前供奉佛陀。

寺内有一处罗汉堂，供奉着五百罗汉金身。我国自北宋以来就设有罗汉堂，在其中供奉罗汉是为僧人做榜样，因为传说罗汉便是由僧人修炼而成的，意在告诉世人，人人都有佛性。

入得殿堂，肃穆庄严之感扑面而来。抬头便是一具用香樟木雕成的千手观音像。观音阖目站于莲花座上，千手共伸，每一只手的手心里都有一只眼睛，这象征了观音的无限慈悲与智慧：以心眼俯视尘世，以慈悲与智慧普度众生。观音的身后便是神态各异的五百罗汉，每一尊罗汉都有编号。

在江浙一带，民间有数罗汉的习俗。朝拜的人们依男左女右的顺序进入石拱门，拜过千手观音后许一个心愿，选一个合眼缘的罗汉作为第一尊开始数，一直数到本人的虚岁为止，记住罗汉的序号。每一尊罗汉都对应一段偈语，对应着看别有一番趣味。

再往里走，可看见罗汉堂里的又一景——里面供奉着济公与疯僧。

民间传说，当年岳飞风波亭遇害后，秦桧时常心神不宁，便入灵隐寺进香。青烟袅袅，他叩拜完后却见壁上写有一首诗：

缚虎容易纵虎难，东窗毒计胜连环。

哀哉彼妇施长舌，使我伤心肝胆寒。

西园寺湖心亭

秦桧大吃一惊，因为该诗首句是他与夫人密谋杀害岳飞时在窗下用灰所写，除了他们夫妻二人外，应当没有别人看见。他本就因岳飞一事心神不宁，此时又看见这一句诗，当即叫来住持，盘问是何人所写。住持说这是寺中疯僧写下的。

秦桧急忙将疯僧找来，只见那疯僧蓬头垢面、满身污秽，秦桧便问他："你这模样，如何能诵经，如何能为僧？"

疯僧答："我面貌虽丑，却心地善良，不似你。"

秦桧见他手中执一扫帚，又问："你手中扫帚何用？"

疯僧答道："我的扫帚，是要扫尽奸臣的。"说罢便举起扫帚对准秦桧横扫过去。

百姓感念疯僧的胆量，自那以后便塑了疯僧的像，与济公一道放于寺庙中。因此有的寺庙即便殿堂里没有他们的身影，屋檐上也会一左一右地塑着他们的雕像。

西园寺以园为名，自然是有一处园子。

入了拱门便能看见一汪清池，即放生池。池中小鱼成群，常有游人在此喂食。池中有一个湖心亭，两座曲曲折折的石板桥连着它与河岸。一群白鸽从远处的树上飞来，扑棱棱落在桥面上，昂首挺胸地走着，见此，游人俯下身子洒了一把谷物。

鸽子不怕生，见游人喂食便歪着头看他们。还有白鸽站在栏杆上俯视蹲下的游人，好像在观察这个世界。

亭在池中，桥架水上，水面波光粼粼，又倒映着湖心亭的模样，真是虚实倒影，幽幽渺渺。

放生池中原来还有两只斑鳖，一个叫方方，一个叫圆圆。传闻是在明朝嘉靖年间放生的，如今两只斑鳖都已圆寂。它们对寺中僧人来说就好像是常住于寺里的长老，因此在圆寂之时寺内所有的僧人都很悲伤。

圆寂之前，方方浮出水面，在池里游了三圈才离去，想来是在与这它生活了四百年的世界、与寺内众位僧人告别。

西园寺肃穆幽静，小而庄严，引得无数善男信女前来烧香供奉。

忽听钟声来古寺，徐看杖影度三车。

西园寺放生池中的斑鳖传闻是在明朝嘉靖年间放生的

后记

　　苏州山水引人入胜，却叫人难以下笔，只感觉每一块石头都是人文。人们都爱佳山秀水，诗人文豪早已把每一座古寺、每一汪山泉都写了个遍，非但有人写，还有人作画描绘，如此才让今天的我们能领略到山外山景。怎能不让如今的我们提笔而心生敬意及怯意？

　　然而，作为"读城"系列中的一册，《山水名胜》一定是绕不开的。我们的写作，只能说是在总结一些自己去游历时最打动自己的地方。

　　因为《典范苏州》丛书本身分类的原因，一些与山水相关的人物，已在《名士贤人》《才子佳人》等书中有过详细介绍，比如天平山范仲淹、石湖范成大、寒山赵宧光等，为了避免重复，本书的作者在述及这些人物的生平时比较简略，但吴地山水画的底色是和这些名人分不开的，所以介绍这些名人和山水的关系也是本书回避不了的内容。

　　关于本书的分章，大概是按灵岩到支硎山为一脉体系、太湖诸山为一体系，另有虎丘、虞山为代表的名山为一大章，以及阳澄湖、石湖、运河等水景为单独一章。而寒山寺、报恩寺、西园寺等名刹也是姑苏名胜中不可或缺的部分，因此也将它们囊括进来，作为了最后一章。

　　除了环太湖的群山外，石湖还有横山一脉群山，虽然尧峰山、吴山等并未作为景点开发，却都是值得书写的体系，但因为篇幅原因，未能一一展开，这也是一大遗憾。

本次所选的山水，大都是我们当代有采取保护措施的景点；所描写的内容，大多是流传到今天或经过修复能看到的样貌。如支硎山等，虽然不是热门景点，其寺院也多是重修，但因人文景观实在丰厚，故一起收录。而旺山、邓尉山等，因为在《古镇乡村》里已有介绍，这里就不再重复了。

苏州的一山一水，其实都是一部人文长卷，都富含深厚的历史文化、名人文化、宗教文化，此外，还涉及神话传说、民间风俗、诗词书画……一笔素描，实在难以绘出苏州山水精髓，但愿本书能成为您入山寻幽的闲读，聊伴您山水间的一瞥一笑。

本书由多位作者合作完成，每位作者对自己写作的部分都从文献和实地踏勘两方面入手，然而能力有限，难免遗漏差错，敬请读者方家指正。

周娇

2017年

图书在版编目（CIP）数据

　　山水名胜 / 周娇，潘娜，路千枫著. — 苏州：古
吴轩出版社，2017.12（2024.9重印）
　　（典范苏州社科普及精品读本 / 盛蕾主编. 读城
行走苏州）
　　ISBN 978-7-5546-1095-4

　　Ⅰ. ①山… Ⅱ. ①周… ②潘… ③路… Ⅲ. ①风景区
— 介绍 — 苏州②名胜古迹 — 介绍 — 苏州 Ⅳ.
① K928.705. 33

　　中国版本图书馆CIP数据核字（2018）第001092号

责任编辑：张　颖
封面设计：陆月星
装帧设计：唐　朝　韩桂丽
责任校对：戴　颖
责任照排：韩桂丽
图片提供：苗一峰　朱　宏　毛世奇　缪克强　刘向明　谈晓华　莫丽娟　张维明
　　　　　周仁德　张炎龙　吴万一　于　祥　唐伟明　戴　颖　韩桂丽　周　娇
　　　　　蒋家宏　郑　翔　邵　彬　钱　祺　张　颖
篆　　刻：卫知立

书　　名：**读城 行走苏州 山水名胜**
著　　者：**周　娇 潘　娜 路千枫**
出版发行：苏州新闻出版集团
　　　　　古吴轩出版社
　　　　　地址：苏州市八达街118号苏州新闻大厦30F
　　　　　电话：0512-65233670　　　邮编：215123
出 版 人：王乐飞
印　　刷：苏州市越洋印刷有限公司
开　　本：905mm×1270mm　1/32
印　　张：8
版　　次：2017年12月第1版
印　　次：2024年9月第2次印刷
书　　号：ISBN 978-7-5546-1095-4
定　　价：48.00元

如有印装质量问题，请与印刷厂联系：0512-68180628